孩子厌学怎么办

儿童青少年教育心理学36讲

韦志中　周治琼 ◎ 著

人民邮电出版社
北京

图书在版编目（CIP）数据

孩子厌学怎么办：儿童青少年教育心理学 36 讲 / 韦

志中，周治琼著. -- 北京 ：人民邮电出版社，2025.

ISBN 978-7-115-65987-3

I. G442

中国国家版本馆 CIP 数据核字第 20258HX377 号

内 容 提 要

厌学不是病，而是孩子在自我价值、校园生活、亲子关系、社会期待等方面产生的心理层面的问题所导致的结果。

本书精选了数十个具有代表性的案例，分析孩子厌学的深层原因，挖掘厌学背后的心理问题，并系统归纳多元的解决对策，旨在架起父母与孩子之间沟通的桥梁，让爱与理解成为连接彼此的纽带，帮助厌学的孩子重返校园，重拾自信，爱上学习，迎接属于自己的美好未来。

本书适合青少年的家长、心理学从业者以及对青少年心理感兴趣的读者阅读，能够为读者提供丰富的教育理念和实践经验，值得借鉴和参考。

◆ 著　　　　韦志中　周治琼
　　责任编辑　高梦涵
　　责任印制　陈　犇

◆ 人民邮电出版社出版发行　　北京市丰台区成寿寺路 11 号
　　邮编　100164　电子邮件　315@ptpress.com.cn
　　网址　https://www.ptpress.com.cn
　　三河市中晟雅豪印务有限公司印刷

◆ 开本：720×960　1/16
　　印张：16　　　　　　　　　2025 年 9 月第 1 版
　　字数：256 千字　　　　　　2025 年 9 月河北第 1 次印刷

定价：59.80 元

读者服务热线：(010)81055532　印装质量热线：(010)81055316
反盗版热线：(010)81055315

　　有一天，当我整理自己的案例记录时，我突然发现，厌学的问题竟然占到了我所接案例中的绝大多数。我忽然意识到厌学问题之普遍、之严重，已经超出了我的想象。

　　每个厌学孩子背后都是一个焦虑无助、濒临崩溃的家庭，解决孩子厌学问题是一项任重而道远的工作。

　　在多年接触厌学孩子和其父母的过程中，我见过无数焦虑、目光无助的父母，他们带着热切的期盼，等待着孩子恢复上学的时刻。记得一位爸爸曾跟我说："我在父亲去世的时候，都没有感到像孩子厌学时的这种无助，好多时候我都害怕自己坚持不下去了。"而"我的孩子什么时候能正常上学？"这样的问题我更是回答了无数遍。孩子不上学，上不了学，就像一枚"重磅炸弹"，打破了家庭全部的生活秩序，让整个家庭都被笼罩在压抑、无助的气氛中，步履维艰。

　　因为对厌学原因不了解，家长容易简单地将其归结为孩子懒、逃避、玩手机上瘾，很多孩子在学校遭遇挫折之后，回家不但无法得到父母的理解和支持，反而遭遇更多的指责甚至打骂，因此变得孤立无援。很多父母坚信"手机是罪魁祸首"，对孩子的手机"围追堵截"，这样既破坏了彼此的关系，又没有达到解决问题的目的。

也有很多家长误以为"厌学"就是不想上学而已，孩子只要回到学校就成，可以不要求孩子成绩，不给孩子压力，以为如此便万事大吉了。有孩子无奈地跟我说："家长总以为我们上学了就什么问题都解决了，其实根本不是这样。我心里真正的苦恼，他们根本不知道。"

了解孩子厌学的原因，理解厌学的孩子真实的内心想法，揭示处理厌学问题中的误区，分享厌学问题处理经验，提供有效的厌学问题处理方法，变得紧迫而有意义。这便是我写这本书的初衷。

全书共有三十六个故事，取"三十六计"之意，这个三十六是个虚数，实际上是"六六"的意思，取古文"多"的含义。希望通过这些探讨，能够让读者对于厌学有更深的理解，并了解解决厌学问题的方向和途径。

在此，仍然要感谢所有为我提供故事、分享他们心路历程的孩子和家长，陪伴他们走出厌学泥潭，对我而言弥足珍贵。

文中涉及的所有人物和故事，都依据专业伦理做了处理，诚望读者不要对号入座。

本书对厌学问题的探讨更多的是抛砖引玉，如有不当之处，请同行和读者批评指正。

目 录

厌学，都是手机的错吗？

在厌学的若干原因中，手机一定是排在第一位的，其"罪过"几乎到了"罄竹难书"的程度。任何一个厌学孩子的家长，提起手机来就恨得牙痒痒。要是能通过投票让手机消失在孩子的生活中，大部分家长都会争先恐后地投出赞成票。

手机，在孩子的教育过程中，一直是"背锅侠"。孩子成绩下降，"都是因为玩手机"；人际关系差，"还不是因为天天玩手机，都不出去交朋友"；情绪低落、心情不好，"天天抱着手机，也不出去运动，去呼吸新鲜空气，不抑郁才怪"；说脏话，"都是因为在手机上看那些乱七八糟的，该学的不学"……

如果所有这一切的问题，家长们还尚且能够忍受，那么当手机遇上厌学问题，则家庭中必定会爆发一场大战。

有个孩子升入初中，需要住宿，因为没有完全适应住宿生活，打扫卫生不符合要求，导致宿舍被扣分，但他坚持认为是舍友栽赃自己，跟舍友的关系由此闹僵。他所在的学校是当地重点中学，从小到大父母对他的成绩期望都非常高，随着学习压力逐渐增大，他学习也越来越力不从心，到初一下半学期，他的成绩已经下降至班级中下游。他也曾经有过一段时间发奋努力，每天只睡三四个小时拼命学习，但是收效甚微。他根本记不住东西，背过的内容转头就会忘记，上课也渐渐难以集中注意力。一段时间之后，他给自己盖上"能力不行"的确认章，对学习彻底丧失了信心。同时让他受打击的还有人际关系，他用"很假"来形容同学。我问他："怎么个假法呢？"他撇撇嘴，失落地说："我成绩好的时候他们都和我玩，成绩下降了他们都疏远排斥我。"在他眼中，同班同学竟然如此"现实"。

上初二后，他开始沉迷手机游戏，玩游戏的时间越来越长，不愿意做作业，周末他可以不间断地玩游戏十多个小时。后来，他干脆不上学了，"全职"玩游戏。这期间，他与家人的冲突不断升级，无论是谁，只要限制他玩游戏的时间，念叨让他休息一下之类的，他就无比烦躁。

父母尝试过没收他的手机，他当即大发脾气，摔东西，甚至要动手打爸爸。

一家人剑拔弩张，他与家人的关系降至冰点。

他第一次见我的时候，摆了一个很特别的沙盘。沙盘是有一整块区域的，他却只摆放自己面前的一小块地方，仅占用了一个小角落，留出一大片空白。他精挑细选了一个精美的房子，摆在自己选好的角落里，周围都用栅栏围起来，在栅栏周围用花草做了精心装饰，看起来很精美。我问他："这个房子是做什么用的呢？"他说："我希望自己一个人住在这个房子里，带着自己的手机，养一个宠物，不希望父母再干涉我的生活。"他说完又补充了一句："他们真的好烦。"他跟我详细表述了自己厌学的整个过程：自己小学成绩较好，初中进入重点初中，学习有点跟不上，同时，第一次住校，与宿舍同学的关系出现问题，宿舍同学将扣分的责任都推到自己身上，自己再也不想跟他们接触了。介绍完这些，他低着头，用低沉的声音说："他们在这种状况下没有给我恰当的支持，只知道事无巨细地管教我，监督我玩手机，我在家里没有一点自由。"我知道，他说的"他们"是指他的父母。他很少用"爸爸妈妈"这样的称呼，特别是提到爸爸的时候，都是直呼其名。

第二次见我的时候，他情绪很不好，说是因为爸爸没收了自己的手机，连续几天都没办法玩游戏。他勉强进入治疗室，找沙具找了很久，最后选择了一个喜欢的动漫形象代表自己，接着就将那个人物放进笼子中，告诉我："这就像现在的我，没有自由。"后来他又找了一个动漫形象代表爸爸，把自己和爸爸摆成相对站立，随时准备攻击的姿势，并且嘴里都是狠话："我恨死他了。"我问："那么恨你爸爸吗？"他没有接话，只是自顾自地说："从很小的时候我就只有握着手机才有安全感，手机能给我带来快乐，而且手机里有人，可以陪伴我，父母没办法给予我想要的陪伴。"他低声说着，也不看我，仿佛只是自己在无聊地追忆往事，说的时候也不带明显的悲伤，只是幽幽地、缓缓地说。

接着，他带着讽刺的语气说："爸爸觉得继续给我手机我就会疯掉。"他又故作无所谓地说："反正全家人都不信任我，无论我做什么都要被严密监控，我也不信任任何人，只相信我自己。"只相信自己的他，造了一栋房子，想一个人住在里面，拒绝外界的任何支持，不愿意相信任何人。说这话的时候，他顺手用沙子把代表爸爸的公仔埋了，一边在上面压上一把沙具小刀，一边无所谓地说："父母什么的我都不在乎，只要给我手机就可以了。"

我见过他妈妈一次，妈妈在说到他的时候用的表达是"有了手机就六亲不认""手机比父母还亲"，说的时候情绪很激动，眼泪在眼眶里打转。实际情况是这个家庭有一个无比强势的奶奶，孩子的成长过程中奶奶全程参与，孩子与奶奶的相处时间才是最多的。妈妈在照顾他这方面插不上手，加上她身体不好，十几年的时间里，大部分时间都用在照顾自己的身体上，寻找各种养生妙方。另外，妈妈还养了十几只流浪猫狗，每天都需要花很多的时间给它们喂食、清理，她尽心尽力，从不假手于人。她跟孩子之间的相处和互动，其实少得可怜，她似乎把母爱全都给了流浪猫狗，没有多余的爱，也没有机会再分给自己孩子。

而他记忆中的爸爸，从小到大最关心的就是他的成绩，只要他考不好，或者爸爸心情不好，爸爸就会动手打他。有些时候爸爸也会对他很好，几乎是有求必应的，但一般就只持续一两天，很快就会翻脸。他解释给我听："只有手机是最真诚的，是不会变的，它一直让我觉得安心。"我竟想不到合适的表达去反驳他，只是略微想了想，抱着冰冷的手机来打发时间、获得安慰的孩子，会有多么孤独。

父母不关心这些，他们只关心有什么方法可以让孩子戒掉手机，在他们眼中：戒掉手机＋正常上学＝万事大吉。每次父母都殷切期盼："老师，您给我们点建议，怎样才能让他不玩手机，我们真的什么方法都试过了，都没有用。"我无言以对，只能隐隐在心里叹息。

我们不时会看到这样的新闻：

"熊孩子玩游戏充值上万，父母声讨游戏公司赔偿。"

"13 岁小孩跳楼，家长称都是暴力游戏的影响。"

"12 岁男孩玩游戏，偷花父母积蓄 30 万元。"

一字字一句句，无不令人触目惊心。

可这些真的全是游戏的"锅"吗？

小学生玩手机已经不是什么少见的现象，很多小学生玩起手机来比三四十岁的成年人还熟练，懂得的技巧还多。而手机游戏更是成了教育问题的"重灾区"，家长担心，老师也担心。手机像是会吃人的老虎，家长看到孩子拿着手机就气不打一处来。

确实，问题孩子一旦休学，大部分都会过上日夜颠倒、以手机为伴的生活。手机成了他们的精神寄托，只要拿着手机，就可以什么都不想，什么都不管，时间也会过得很快。因为手机问题爆发家庭大战的情况比比皆是。

有的父母不敢管，生怕孩子发脾气。有的父母一见到孩子拿着手机就拉长脸，期待孩子不碰手机才好，口头禅就是："整天就知道看手机，什么事都不干。"

手机成了所有家长、老师的死敌，偏偏孩子却拼了命保护着手机的安全，誓与手机共存亡、共进退。长期的拉锯战解决不了任何问题，只是不断消磨彼此的信任，最后，没有人在真正解决问题，只是全家人的所有话题都围绕着手机，每个人不再袒露自己的内心想法，不再关心彼此的感受。

每个厌学的孩子，其实内心都处于极度脆弱的状态，特别需要关心和支持，手机成功转移了家长注意力的同时，孩子被忽略了，其内心就只剩下孤独和失落。

所以，最需要你关心的是孩子，是他的感受、他的想法、他的挫败感，而不是附加在他身上的成绩，更不是他手里拿的手机。

厌学的孩子，也是孩子呀！

从云端掉到泥里，如何不厌学？

有人说，真正的悲剧不是从头到尾都悲伤惨烈，而是将美好的、幸福的、成功的一切都当面一片片撕碎给你看。相比一直待在泥里，从云端跌到泥里的痛苦更让人难以承受。就像失明的人，若是从小就看不见，悲伤就不会那么强烈，而当一个人从拥有光明到不得不终日面对无休止的黑暗的时候，扑面而来的绝望会将人彻底淹没。

而对孩子而言，学习成绩的下降，在学校处境的彻底改变所带来的打击，可能会瞬间将他们击垮，让他们一蹶不振。

　　我接待过一个高中的女孩子，她第一次见我的时候就明确跟我说："我不想好起来，稍微好一点我就会很恐惧，稍微好一点我就会害怕要回去上学，就会做自己坐在教室里的噩梦，然后被吓醒。"不想上学的孩子，或者说通过生病来逃避上学的孩子很多，但是毫不掩藏地说出来的并不多，按照人们一般的交流习惯，可能会回怼一句："既然你都知道自己生病是为了逃避学习，怎么还不改正，还不好起来，还这么自甘堕落？"当时的我，更想知道的是究竟发生了什么事让她如此害怕学习和去学校，要知道，她不单是情绪抑郁，她还尝试过自杀，换句话说，在她眼中，上学在某种程度上比死还要痛苦和折磨。然而，据我了解，她并不是那种不求上进的孩子，她的父母都是老师，她的成绩在班上也并不算差，班级的老师和同学也都很关心她，不时鼓励她回学校，表达对她的想念。但这一切都丝毫不能消减她对学习的恐惧。

　　她告诉我，她小学时成绩一般，初中很努力学习，成绩一直维持在班级前几名，老师对她很欣赏，同学甚至有些崇拜她，认为她各方面都很优秀，还会弹钢琴，父母又是老师，教养又好。初中三年，是她过得最开心的三年，尽管学习压力很大，但每天都干劲十足，完全感觉不到累。不承想，她中考发挥失常，没有考进理想的高中，只进了普通高中的重点班。虽然接受起来有点困难，但一段时间之后，她还是调整好状态，正常投入高中生活，在这个班级中崭露头角，是她给自己定下的目标。

　　高一时她的成绩在班上不错，她也交到了几个朋友，当时她信心很足。高一下学期考试分班，她选了文科，进了文科的尖子班，跟原来所在的重点班不一样，这个班几乎集中了整个年级最优秀的文科生，她发现班上的同学都很厉害，从而压力陡增。第一次月考前，她几乎花了所有的时间来准备考试，反复背诵可能要考的内容，就差不眠不休了，结果成绩只是班上的中等水平，而且没有具有明显优势的学科。这次月考像一个转折点，她突然不知道自己的成绩到底是好还是不好，能力到底是强还是不强，还能不能提高成绩。她每天都反复问自己同样的问题，不断自我怀疑，时时刻刻处于焦虑状态，无法安心学习。每到考试前她就更加紧张，睡不着觉，严重的时候甚至通宵失眠，明明背得很熟的知识，一上考场就什么都想不起来了，手抖到根本写不了字。

在新班级中没有朋友，她将原因归结于自己的成绩不够好，她很多时候会不吃饭，一个人安静地待在宿舍发呆，有时候哭，静静地流眼泪。这样的状况持续一段时间之后，有一次她被班主任发现在教室里用刀片割手，学校通知家长，父母才知道她这段时间的状态，觉察到她的抑郁，带她过来治疗。

她告诉我，从小到大，只有自己身体不舒服才能不做不想做的事情，才能请假不上学。其他时候，无论自己多么不想做、不想上学，她都会坚持上学，努力学习。父母都是老师，对她的成绩期待很高，自己也觉得只有成绩好才能证明自己的价值。自从发现她有抑郁的问题之后，父母彻底改变了对她的要求："没关系，只要你开心就好，学习的事情先不要想。"她确实觉得自己轻松了很多，每天玩玩手机，刷刷视频，很放松。另一方面的改变是自己控制不住地想买东西，跟父母提很多要求，想要很多东西，一旦父母不答应，她就会忍不住大发脾气，但买了之后又觉得愧疚，她知道父母不容易，觉得拖累了父母。除了父母，她中断了和所有人的联系，同学给她发消息她都不回复，她几乎不出门，用她的话说："我不知道该怎么面对其他人，我谁都不想见。"

愧疚、丢脸，以及弥漫在生活中的焦虑，所有的情绪都让她措手不及，她不知道如何应对，只想往后逃，往后退。

奇怪的是，两个星期后，她又完全变成了另一种状态，似乎完全想通了，说想马上就回学校，而且已经完全接受成绩不是人生的全部，也不能衡量一个人的价值，以前都是自己太执着了。她淡定地说："回校后我不打算学习，尽情地穿时尚的衣服和鞋子，把自己打扮得漂漂亮亮的，这也是一种生活方式。"直觉告诉我，这么快的转变和"想通"，甚是蹊跷，毕竟"顿悟"发生的可能性其实并不高。

果然，下一次见我的时候，她完全换了样子，不住地叹气，说自己现在其实完全看不进去书，以前看书是一目十行，而且天生记忆力好，看几遍就能完全记住。现在只能一个字一个字地看，而且那些字只是在眼前飘，根本进不了脑袋。她一点都不想思考，也思考不了，只想看手机，一个接一个地刷视频、看朋友圈，当然并不觉得开心，只是无聊地打发时间。待在家的日子就像躺在一个"软垫"上，什么都让妈妈帮忙做，她暂时不用面对压力，很舒服，但内心也很恐慌，不知道这个"软垫"某一天被拿走了，自己该怎么站起来。她做梦都没有想到，有一天成绩会成为自己无法面对的困难，从小到大的考试，她基本都是只要定下目标就都能达到，没有受过大的挫折。高二这一年，她不断体会自己对学习的无力感，无论怎么努力，成绩都没有起色，不只是学习，她甚至觉得自己对整个生活都完全失去了兴趣。她很想快点抓住一个东西做寄托，但却绝望地发现什么都抓不住。

我还接待过一个高考失利的孩子。

她从小到大都是"别人家的孩子"，省重点小学、省重点初中、省重点高中一路读上来，学习对她来说简直是易如反掌，她并不觉得自己比其他人努力，但成绩一直非常好。高考前，她虽然有些紧张，但还是自信满满的，觉得可以考入自己理想的大学。没想到最后她只被录取到一个比专科稍微好一点的本科学校，学校位置很偏，周围环境也不好。看学校的时候，她都不愿意去，是父母代她去的，用她的话说："如果我去了，就代表我接受去这个学校了，我是死也接受不了的。"要知道，她高中读的学校是省重点，一个不入流的本科，对她而言是难以启齿的。

她反复跟我说："班上有很多成绩比我差很多的同学都考上了比我好很多的学校，我都不知道以后如何面对他们。"她有意隔绝老师和同学，不想跟任何人联系。她坚信人是分三六九等的，去到不同的学校就代表不同的等级，去了这个不入流的学校，从此之后就跟同学们不是同一个世界的人了。

于是，她坚持选择复读。没想到去了复读学校才一周，便坚持不下去了。复读班的进度非常快，气氛紧张得让她窒息，她突然发现，自己一直以为学得很好的科目跟其他人比起来，完全不值得一提。更为严重的是，她发现自己无法全身心投入学习。对她而言，这是一次只能成功，不能失败的赌注：下一届高考就要改革，她没有退路。她发狠说："如果不是高考改革，我一次考不好就考第二次，一直到考入理想的学校为止。"然而，不知是不是上天故意跟她作对，她没办法这么任性地一直考下去。

复读了两周之后，她实在读不下去，只能休学在家。

她每天一醒来就哭，一哭就是好几个小时。她不断自责，抱怨自己高三的时候没有全力以赴，有时候学累了，或者觉得学习没有进展的时候，会玩一会儿手机，放松一下。她理科综合成绩不好，有一段时间她放下其他科目专门来学习理综，花了很多时间，却收效甚微。她不断假设：如果当时不偷懒玩手机，如果把全部的时间都用来学习，结果可能会不一样，我就能跟其他同学一样，去理想的学校。

我没办法回答她的这些假设，也不可能开口劝她要振作起来，要接受现实。从云端跌落的打击到底有多痛，恐怕只有她自己知道。这样的打击，并不会等你准备好的时候才来到，也不会因为你年龄还小就心慈手软。

我接待过一个在四年级就严重厌学的孩子，印象最深刻的场景是他叹口气，无奈地说："我以前还是很优秀的。"看着这个满脸稚气的孩子在心事重重地追忆往事，我心里莫名地"咯噔"一下。

在上四年级之前，他的成绩一直很好，在班级名列前茅，学习对他来说就是"小菜一碟"，他只要稍微用点心，很轻松就能学会。再加上他运动很好，是学校足球队的主力，经常代表学校到各地去参加比赛，学校的绿茵场上时常都有他驰骋的身影。那时候，他是同学艳羡的对象。老师看他的眼神里都是温柔和疼爱，并且常常号召同学们向他学习。对那时候的他来说，上学是最开心的事情，生活没有烦恼，时间过得飞快。

这一切，在上四年级之后戛然而止。四年级时课业变难，开始要写长作文，有着"随便学学"习惯的他，慢慢有些力不从心，成绩直线下降。以前从来不管他学习的爸爸，开始每天蹲守，督促他完成作业。莫名地，他觉得自己好像变笨了，有时候爸爸一道题讲十几遍，他还是不会，换来的当然就是一顿臭骂："你怎么这么笨，这么简单的题都不会？"每天回到家，看到爸爸等着自己做作业，他就开始紧张，有时候拿笔的手都有点抖。当然，爸爸并没有注意到这一点，他总是气不打一处来："就是你自己不认真，这么简单的题都做不出来。"随着成绩下降，老师对他的态度也有了明显的变化，点到他名字的时候，不再是表扬，而变成了："×××，认真点，你看看你最近的成绩！"十来岁的小学生当然是看老师的态度行事的，原本关系很好的同学，都有意无意地疏远了他。

短短几个月里，他经历了坐过山车一般的落差，他接受不了，解释不通，也消化不了："我觉得大家都嫌弃我了，都希望我从这个世界消失。"他想了想又追忆过去："我以前其实挺不错的，挺优秀的。"不知是为了自我安慰，还是为了给我留下一个好印象。十来岁孩子的小脑袋，大概很难想通世界和人们的态度竟然会变化这么快，他以为生活会一直如自己喜欢的样子过下去，没想过有意外，没想过有一天会从云端掉下来。

是世界变了还是他变了？他回答不了。

成年人经历"锦上添花"和"雪中无人送炭""落井有人下石"的落

差时，尚且会怀疑人生，更何况涉世未深的孩子。遗憾的是，大部分时候，我们都只在乎"掉到泥里"这个事实本身，着力于用尽全力把孩子从泥里拉起来，或者让他自己从泥里爬出来，至于掉下来的过程中，他经历了什么，我们都无暇顾及。

在这个充满竞争的社会，整个教育过程中都弥漫着焦虑，"孩子落后了"永远比"孩子难受了"更让家长关注。于是，落差带来的影响就只能由孩子自己慢慢消化，将这个新的经历整合到他的认知体系中，包括对自己能力的评价，对周围人的信任程度，对自己价值的认识。这是个复杂的工作，也是个高危的工作，出现偏差的概率非常高。

我很想对各位父母说，相比于是否快速提高成绩，处理情绪、处理感受，永远应当优先于处理事情，告诉孩子："没关系，爸妈相信你。"告诉孩子："成绩不是一切。"

学校是孩子由家庭向社会过渡的地带，面临不少现实的挑战，家长无法左右；但在家里，要让孩子感受到父母的爱、支持与接纳。

得不到认同，我为何还要上学？

发现每个人的价值，让每个人都有被认同、被看见、被肯定的机会，不正是教育的价值所在吗？当今的教育更像是"选择性关注"，能被认同的也是少部分按照世俗的观念评价出的"优秀孩子"，其他的孩子更像是陪衬者、旁观者。

每个孩子都渴望被看见、被认同，这是大部分孩子努力学习、坚持学习的主要动力来源。看见更多的孩子，找到更多孩子身上值得被认可的地方，或许是减少厌学的可行途径之一。

有个女孩是自己一个人找到我的。她因中考失利，没有考上理想的学校，自信心受到较大打击，对现在的高中非常不满意，没有学习动力，大部分时间处于情绪低落状态，长期失眠，焦虑异常。她找到我的时候，正上高一，她基本无法正常上学和听课，在班上没有朋友，每天虽然勉强到校，但几乎什么也学不进去。她想尽各种办法请假，老师对她基本是放弃的态度。

女孩最亲密的人是母亲。母亲小学没毕业，有着所有朴实又强势的母亲的观念和要求。母亲认为自己没文化，吃了很多苦，拼命挣钱是为了女儿能考上好大学。她没有自己的生活，所有的付出都是为了孩子，理所当然地，她对孩子也有很多期待：希望孩子能听话、努力，把所有时间都花在学习上；希望孩子体谅父母的辛苦，不要总是气父母和奶奶。作为一个普通家庭的孩子，女孩从上小学开始就接受一对一的家教辅导，每一学期仅仅补习的学费就要好几万元，父母和奶奶眼都不眨一下，只要她愿意去，便立即掏钱。随之而来的是高期待。女孩稍不听话，母亲便会立刻发火，长时间责骂她，一边骂一边哭，数落她的不是，数落她的不孝，数落她嫌弃自己的妈妈，好几次甚至哭晕过去。母亲深信女儿嫌弃自己，将来肯定不会赡养自己，现在就已经是"白眼狼"了。奶奶的性格跟妈妈很相似，无条件地对女孩好，自己舍不得花钱，都存起来给女孩买手机、买书，然而，一旦孩子不顺自己的意，就感觉仿佛天塌下来一般，崩溃大哭。她与妈妈和奶奶的争吵成了家常便饭，有时也会跟妈妈对骂，自己会被愤怒充斥到全身发抖，愤而离家出走，但出走后又会孤独，最后又自己乖乖回家。

她在朋友面前大多数时候都是扮演倾听者的角色，多是对方滔滔不绝地说，她自己有时候想表现一下，对方便会说她太张扬，想炫耀。她对我说："只有你会认真听我说话。"她跟我讲述初中时认识了一个自己非常崇拜的女生，成绩好，家庭条件好，看的书多，说起话来也头头是道、富有哲理。相比之下，她就像丑小鸭一般，貌不惊人，成绩普通、家庭普通，看的书少得可怜。于是，从认识对方开始，她就下定决心要努力学习，提高成绩，在她心目中，成绩好了，也就代表离对方更近，更有资格跟对方做朋友。初中时她的努力很有效，成绩不断进步。然而，随着中考的临近，她整个人变得异常焦虑，过度在意每次考试的分数，经常失眠。尽管如此，她还是将所有的理由都归结于是自己不够努力，应该花更多的时间学习，应该睡得更少一点。她没日没夜地学习，换来的是中考的"滑铁卢"，她的成绩是所在的重点班里最后一名，她只能去一所普通高中。而她崇拜的女生如愿考入了省重点，她再也不敢联系对方。

高一时，她将眼睛放在头顶上走进了新班级，看不惯班上的每个人："他们都是差生，要不是我考试失利，怎么可能来这里？"她不主动跟班上任何人接触，别人来找她她也是爱搭不理，渐渐地，她在班上进入自我孤立状态。同学们觉得她很怪，背后说她"自以为了不起"、高冷、目中无人。她表面毫不在意，将全部时间都投入学习，心无旁骛一般，但实际上效率很低，很多时候根本集中不了注意力。她选择性地忽略这部分事实，每天都跟在老师身后问问题，看起来无比积极，老师也器重她，对她寄予厚望。然而，第一次月考成绩出来，令人大跌眼镜，她只拿到中等水平的名次，而她的目标，是拿全班第一，并且要超第二名一百分！这次成绩，将她表面武装的信心彻底摧垮了，她从此一蹶不振。高一整年，逃课、请假、不交作业成了家常便饭，她上课听不进去，作业不会做，最差的时候，她的成绩几乎是全班倒数。她在班上没有朋友，没有人同情、支持她，她感觉待在学校的每一分钟都是煎熬。她每天都在琢磨怎么请假、逃学，借口编得越来越顺，母亲被请到学校的次数越来越多，对她的信任也逐渐下降。"你已经废了，就是个废人了，我们还指望以后靠你，你将来能养活自己就不错了。"

她是在这样的情况下找到我的。

她对于心理治疗带给她的价值毫不隐藏，直白地表达："我的身边没有人认可我。"虽然，我心里很清楚，对很多青少年而言，获得认同、被倾听、被看见是他们愿意做心理治疗最主要的动力所在，但几乎没有孩子会如此坦诚地表达出来，我倒觉得有些忐忑起来，我能做到不辜负她的期望吗？能做到一直发自内心地欣赏她吗？她很积极主动，每次都至少提前半小时到，默默地等，自己一个人坐在我办公室外的凳子上，不会打扰我。每次她都至少带着一本书，有时带着两三本，一本看，一本垫着坐，一本放旁边，经过的人能够明显地判断出这是一个热爱看书、很有内涵的女孩子。她带的都是深奥难懂的科普或者心理学书籍，比如，《时间简史》《乌合之众》等，直白一点讲，都是看上去很高大上、很有品位的书。每次谈话的开始，她都要首先跟我展示她最近看的书，细细地跟我分享书的内容，她的感想，她联想到自己的现状得出的结论。女孩的表达能力很好，谈起来滔滔不绝，好多她提到的书我都没读过，有时只能听着，随声附和。她每表达一个观点时都会望着我，眼睛里都是等待和渴望，怯怯地问："你说对吧？"我看着她，真诚地点头，谨慎地回应我能回应的部分，保证她能感受到我的认同，但又知道我不是"假大空"地在夸她。此时的她，像抓救命稻草一般抓着每一个对她有所认同的人，她太需要一些肯定的目光和微笑，来证明自己存在的价值和意义，为此可以不惜代价。

然而，这样建立起来的信心和价值感是无比脆弱的。高二她换到新班级，期待能一切从头开始，她希望给同学留下的印象是喜欢看书、好学、上进，这样同学们会更愿意跟她相处。她的座位上堆满了书，而且都是课外书，她将课本都放在书桌里，以此来展示和表达内心的渴望。恰好邻近坐的一个男孩子也非常喜欢看书，特别是历史书，而且是从小就有很多历史知识积累，对很多历史人物都如数家珍，对于历史事件背后的故事比老师知道得还要多，而且有自己的观点和想法。双方有相见恨晚之感，很快攀谈起来，但是很快，女孩就受挫了。她是看过很多书，知道很多观点，但没有一个领域是精通的，男孩谈到的很多内容她都一无所知，她接不上话，所以大部分时间只能听。听的时间长了，男孩也会问她的想法，也想跟她谈谈心理学，她如临大敌，战战兢兢，很快败下阵来。

她说："我觉得自己好假，那个男同学才是真的知识渊博。"我答："你不是假，你是太希望快速得到认同了，来自外部的认同。"要有外界的认同，她才能在这个班级待下去，才不会时时恐惧，担心再一次被同学看不起、被疏远和被排挤。每当恐惧的时候，她就会威逼利诱母亲帮她请假，她想逃回家里，哪怕逃半天，逃一个晚自习都好。

状况稳定之后，她不再需要每周找我。后面每次约我，都跟成绩考得差有关，只要成绩没有达到预期的目标，她便会陷入无休止的自我怀疑中，彻底否定自己。一开始，她还是将目标定在全班第一，希望在班级中能够一鸣惊人，几次考试下来，数学成绩一直在几十分徘徊，让她十分沮丧，她渐渐接受现实。她慢慢调整自己的目标，希望每个月的努力都能在月考中有所体现。然而，失望的时候占大多数。每次，听她一刻不停歇地说完自己的缺点之后，我会习惯性地问她一句："你真的这么差吗？"她才能稍稍从完全的自我否定中抽离出来，看到自己的付出和努力，但仍无比气馁："我就是不甘心，为什么我那么努力，在成绩上一点体现都没有！"冷静下来的时候，她也知道并非完全没有体现，她的数学成绩从原来的二三十分提高到七八十分，文科综合在班上的成绩已经名列前茅，只是她太需要来自成绩的价值肯定，恨不得一夜之间成为全年级第一，因此很难看到自己的进步。

难能可贵的是，这个孩子的反思能力很强，她发自内心地想改变自己的现状，想摆脱一切依靠他人肯定的信心魔咒。在新班级里，她一直留意着、思考着自己跟人相处的方式，尽量做到"不卑不亢"，尝试不再那么"讨好"。比如，有人坐在她的位置上，看到她回来还是纹丝不动，她一边竭力掩饰自己的紧张，一边用尽量淡定的口吻说："不好意思，我不喜欢别人坐我的位置。"她心里生怕得罪了对方，没想到对方只是点点头，就起身离开了。她努力在改变的过程中不断积累底气。有时候她跟同学打招呼，同学的反应比较冷淡，她仍然会第一时间胡思乱想：她是不是不喜欢我，我是不是得罪她了。冷静下来，她又给自己分析：我跟她也没什么接触，我不可能得罪她，可能是因为我们不熟，对方不太习惯我这么热情吧。后来事实证明，对方在她需要帮助的时候同样会施以援手，只是因为并不熟悉，平时交流比较少。她把这些经历都认真地记在心里，每当自己再次慌乱、恐惧的时候，便提取这些记忆安慰自己。

目前，这个孩子已经上高三了，需要来见我的次数越来越少，我想，她肯定是找到了很多自我认同的方式，不再那么迫切地需要来自外界的肯定和认同，我发自内心地为她高兴。

然而，大部分的孩子做不到这样的反思，也基本不具备自我认同能力，在一个长期被忽略、几乎得不到任何肯定的大环境中，最容易的选择就是渐渐放弃自己，自暴自弃。

曾经在一次面对家长的讲座中，我询问家长们，怎样才能让自己的孩子自信一些，大部分家长的回答都是"发现孩子的优点"，于是我问："有没有孩子在世俗眼光中真的没有优点？"家长们先是一愣，接着陷入沉默，其实我们都清楚，在现今的评价体系之下，每个班级都有一些永远不会被表扬，甚至几乎不会被看到的孩子，这些孩子要靠什么在学校里有尊严地待下去，是我们很少思考的问题。

然而，发现每个人的价值，让每个人都有被认同、被看见、被肯定的机会，不正是教育的价值所在吗？当今的教育更多的是"选择性关注"，能被认同的也是少部分按照世俗的观念评价出的"优秀孩子"，其他的孩子更像是陪衬者、旁观者。

　　每个孩子都渴望被看见、被认同，这是大部分孩子努力学习、坚持学习的主要动力来源。看见更多的孩子，找到更多孩子身上值得被认可的地方，或许是减少厌学的可行途径之一。

故事 04

乖孩子就不会厌学吗?

乖孩子厌学的最大特点是什么？是一旦发生这种情形大部分都是令人崩溃的，这种崩溃是轻描淡写的表面下长久积累的撕心裂肺的痛苦造成的。懂事、听话、什么事情都能自己处理、为别人着想，是他们身上的标签，也是身边人以为他们拥有的全部特质。乖孩子的父母总是很省心，也习惯了一直如此省心，因此，接受乖孩子厌学的现实变得尤为困难。

乖孩子一旦厌学，比"熊孩子""坏孩子"更麻烦，更难处理。原因是什么？或许我们在了解了"乖孩子"为何会这么乖之后会更容易找到答案。

这个女孩来到我的咨询室，我对她的印象可以用几个词概括：从未被看见，一直懂事，什么都自己承担，别人的事自己也要承担。

她人际关系极好，几乎全班同学都是她的朋友。她抑郁一年多，但在外人面前她从来都是笑着的，从来不会表达负面情绪。我问她："你的父母没有发现吗？"她表情复杂地笑："没有，可能我演技比较好吧。"父母总是很忙，加上还要照顾弟弟，几乎没有多余的时间管她。经常是父母回到家的时候她已经睡着了。我问："你的爸妈从来没有跟你静下来聊过天吗？"她说："没有，完全没有。父母这样做应该是有问题的吧？"我又问："那周末呢？你们一家人会出去玩吗？"她又以奇怪的眼神看着我，一脸难以置信的表情，于是我明白，她是在表达："有家庭会周末一起去玩吗？"

她说："我就是想搞清楚我为什么会抑郁。"她想不到具体的事情，对上初中之后的事情甚至有选择性遗忘，基本都只有模糊的记忆。上初二后，她就开始频繁请假，期中考试之后，只要提到上学她便会剧烈呕吐。她说："我不觉得自己焦虑，我也不觉得成绩那么重要，就是不太明白这些身体症状是怎么回事。"

对父母突然的关心和关注，她很不适应："总觉得他们变得有点神经质，小心翼翼的，我的一举一动他们都看着，我有点瘆得慌。"她接着解释道："他们只是觉得关心我，我的病就能快点好起来，而不是发自内心地关心我这个人。"

想作为一个完整的人被看到，却选择了只会让父母看到好的一面的方式，这是"乖孩子"最大的悲哀。

还有一个在升入高中之后不久就厌学的女孩。在她出现状况之前，家庭的运行一直是这样的：妈妈忙工作，爸爸忙着逍遥地生活，经常跟自己的朋友出去运动和消遣。父母都是老师，都奉行强势管理，不容孩子反驳，渐渐地她不再敢说话，有委屈都压抑在心里。

升入高中后，她有一个非常霸道、自我的同桌，会经常带着鄙视评价她的行为习惯。比如说，她追星但不买明星的周边，不加入粉丝群在里面花钱，同桌会当着全宿舍的人的面嘲笑她。她心里不认同，认为大家现在花的都是父母的钱，不应该铺张浪费，追星也不是以花钱来评价是否用心的，可她却一句话也说不出来，眼泪只能往肚子里咽。她适应高中生活遇到了困难，经常会委屈地哭，同桌又说她："哭什么哭，有什么好哭的，动不动就哭，这么作。"眼神和语气里都满是不屑。她实在受不了，去找老师调座位，老师又去向她座位周围的同学调查原因，发现并没有人欺负她，也没有吵架或者针对她。于是老师本着负责任的态度一顿教训："这个同学只是大大咧咧，有什么说什么，主要还是你自己的问题，是你自己想太多，太斤斤计较。"漫漫长夜里，她开始自我怀疑，是不是真的是自己的问题？是自己不舍得花钱，是自己脆弱，是自己多事？她常常辗转难眠，渐渐地，她在班上就不再说话，不敢轻举妄动。

她越来越害怕去上学，怕遇到自己的同桌，一想到上学整个人就紧张、焦虑，甚至出现躯体症状，呕吐、月经不调，整个人暴瘦。她时常请假，但在家里也并不平静，经常自己一个人哭。

她找到我的时候，我只做一件事：帮她重塑信心。我跟她一起客观地分析目前她遇到的情况的客观原因：到一个新环境需要一个适应的过程，强势的同桌带给她信心的打击……凡此种种。她眉头紧锁的脸上，渐渐有了隐约的笑容。第一次治疗之后她便正常回去上学了，父母以为我有灵丹妙药，惊叹得不得了。其实我自己知道，她不过是渴望一个人听她讲，给予她尊重和认同罢了，这些基本的部分，在她的心中缺失已久。

父母也做了深刻的自我反思，自责自己之前陪伴太少，不了解孩子内心的想法。爸爸在孩子长这么大以来，第一次带着她去运动。她跟我强调："是带着我，跟我一起去，我很愿意去。"我问她："以前呢？"她想了想："以前他们都很忙，最多就是叫我出去走走，叫我要多运动，从来不会陪我。爸爸喜欢踢足球，每次都是我坐在旁边看着他踢，也很无聊的，我不喜欢去。"她也开始尝试跟父母讲自己的想法和心事、跟同学的矛盾、自己的困惑和冲突。父母认真听，站在她这边替她说话，说同学这样的做法太过分。她说："我终于能感觉到父母是跟我站在一起的。"又带着幸福的笑跟我说："我觉得他们现在变得很好。"我问："会不习惯吗？"她腼腆地笑："还好。"想了想，又不好意思地说："就是怕他们等我好了，又像以前一样不怎么管我了。"这个瘦瘦弱弱的女孩，表达了大部分不受关注的孩子的心声。我于是问她："你希望父母以后怎么跟你相处呢？"她抬起头，又笑一笑："只要听我说话就可以了。"

原来如此简单。

乖孩子厌学的最大特点是什么？是一旦发生这种情形大部分都是令人崩溃的，这种崩溃是轻描淡写的表面下长久积累的撕心裂肺的痛苦造成的。懂事、听话、什么事情都能自己处理、为别人着想，是他们身上的标签，也是身边人以为他们拥有的全部特质。乖孩子的父母总是很省心，也习惯了一直如此省心，因此，接受孩子厌学的现实变得尤为困难。

"我的孩子也会厌学？"这是他们做梦也没想过的问题，而对这些孩子而言，厌学只是最终的表现形式，如果不厌学，他们可能就直接厌世，甚至招呼都不打一声就放弃生命了。我时常庆幸，这些孩子在把自己逼到绝境之前，还会在最后保护自己一下，不强迫自己去承担超过承受能力的压力。

　　乖孩子有着天然的"讨人喜欢"的本领，而且这样的特质就像是长在他们身上一样，做起来是那么自然而习惯，他们感受不到委屈，也不觉得难受，关心别人、为别人着想就像一种条件反射，所有的需要和情绪都在不经意间被转化得无影无踪。父母便有这样的误会："我的孩子天生就是这么懂事，天生就会为他人着想。"或者认为孩子就是这么独立坚强，什么事都能自己处理。"她很多时候比我们还有主见，什么事交给她我们都放心。她自己的事也从来不用我们操心。"十几岁的孩子，在不知不觉间，成了家人的依靠，父母却全然不觉得奇怪，认为是孩子能力强、懂事、成熟，毕竟，这都是社会鼓励的积极品质。

　　这就造就了"乖孩子"另一个特点：往往习惯拒绝外界的帮助。"乖孩子"习惯什么事情都自己承担，甚至承担家人的压力和情绪。一方面，这让他们对外界并不信任，只相信自己。另一方面，他们无法袒露脆弱和压抑，坚持靠自己调节来证明自己的能力。

　　这样无奈的状况，对我而言已经见怪不怪了。

　　有个刚上高中，看起来却像大人模样的男孩子，坐下来第一句话便是："我自己不愿意来，就是为了让我父母安心，我才来的。"我问他："你父母让你来，如果你不来会怎么样呢？他们会很受打击吗？"他不看我，点点头："特别是我妈，她可能会崩溃，会哭。"我无奈地笑笑，告诉他之后不想来我可以跟他父母说明，今天既然来了我们就大概谈一谈。他甚是配合，几乎有问必答，只是不断强调着他的中心思想："主要是我自己现在没调整好心态，是我自己的心态有问题，我还是要靠自己调节。"事实是，他一到学校就胸闷、头痛，经常整晚失眠。他不敢说自己不想上学，只能想各种办法找老师请假。在家里，他表面上很正常，其实大部分时间都是把自己关在房间里睡觉。他说："我表面看起来好一点，可能我的父母就不会那么担心了。"

　　他在中考之前也出现过类似的情况，晚上失眠，在学校便紧张、胸闷，但那时候他在班上有几个好朋友，平时玩玩闹闹，转移注意力，心情能稍微放松一些。升入高中后，陌生的环境于他而言是一个冰冷的地方，他跟同学不熟悉，陡增的学习压力让他措手不及。第一次月考之后，他说："从来没考过这么差的成绩。"自此之后，他上课总觉得自己听不懂，跟不上，特别是自己不擅长的科目，因此他紧张、心慌的情况更严重了。不过这些情况父母都不知道，父母只知道他不愿去学校，并拼命努力地做他的思想工作，告诉他学习的重要性，让他要调整好心态。他也一直在照做。

我问他："想跟你的父母一起谈谈吗？让他们更了解你的情况。"他想都没想就拒绝了："我不想让他们担心，不想让他们知道我的情况。"我问他："你怎么确定他们一点都不知道你的情况呢？就像你会担心他们一样，他们会真的若无其事吗？"他沉默良久，没有回应。会谈快结束的时候，他提了一个请求："你能不能跟我的父母谈一谈，让他们不要那么担心，让他们放松一点。"这是乖孩子最常提出的请求，不是为了自己，而是为了他人。确实，减轻父母的压力是帮助他们的方式之一。

不出意外，父母是将焦虑和担忧都写在脸上的类型。爸爸沉默得更像是背着千斤重担，妈妈眉头紧锁，欲言又止。刚开始没说几句，妈妈便哽咽着说："这个孩子就是太懂事，太为别人着想了。"的确，有时我们希望孩子懂事，有时我们又抱怨孩子太懂事，人心果然是最难以满足的。就如面对压力、困难想不通，走不出来的时候，我们羡慕别的孩子大大咧咧、神经大条；而当我们觉得太操心、太累的时候，则是希望孩子懂事、细腻，最好还能替我们分担。只可惜，孩子的个性和行为方式并不如我们希望的那般收放自如，可以任意调节。事实上，乖孩子对于自己的处理方式往往是最坚守、最固执的，这是他们抵御内在自己不够有力量的巨大焦虑的唯一方式。

"乖孩子"的父母相比成天跟"熊孩子"斗智斗勇的父母，更无法适应孩子出问题之后家庭生活的巨大变化，不习惯整天要围绕孩子的问题去想办法，不习惯要替孩子担心。我曾经见过一个妈妈面色蜡黄得吓人，一个月内瘦了十几斤，经常通宵失眠，半夜哭醒，只要一开口说话便收不住，语气又急又快，焦虑得整个人都仿佛要失控。然而，她坚持："我挺好的，只要我的孩子好起来，我就没事，我是成年人，我自己可以调节。"我只能无奈地笑笑。就如前文提到的女孩所说的一样，为了让自己从无助和焦虑中走出来，父母会不惜一切代价地去对孩子好，恨不得二十四小时陪着孩子。为了什么？除了内心的愧疚，还有最直接的愿望："你赶快好起来吧，你好了我们一家人就都好了。"我常给这样的父母泼冷水："越是想孩子快点好，孩子越可能恢复得慢。"

只能"一直好好的""永远好好的"，这样的孩子该是有多累？因此，出乎很多人意料，"乖孩子"一旦厌学，不想好起来的比例其实超出很多其他类型的厌学。在他们的潜意识里，好起来就意味着要重新去承担沉重的负担；重新去疲于应付各种各样的要求；重新去揣摩每个人的内心需要，再以恰当的方式去给予回应；重新去努力让自己德智体美劳全面发展，每天为了变得优秀而奋斗……一旦休息下来，就像跑完马拉松的选手，想拉他们起来再接着跑，难以登天。当然，乖孩子还有一个隐形的顾虑：父母现在对我这么好，等我好起来了，他们又回到从前的样子了，怎么办？

只有生病的时候，才能心安理得地满足自己的内心需要，这何尝不是一种悲哀。

我以如此悲观的角度写这篇文章的目的是：不要等到"乖孩子"出问题才慌了手脚，才去祈祷让自己的孩子赶紧好起来。与其如此，不如在日常生活中更多地关注孩子的内心需要，鼓励孩子表达自己内心的想法，多给孩子一些陪伴。孩子的天性都是差不多的，你的孩子不会因为"懂事"，就能靠着墙壁自己长大。另外，要成为让孩子信任的父母，正如心理学家温尼科特所说，这是每一对父母都具有的潜能，只是在于你是否足够相信自己的能力，能够调整好自己的情绪，不为焦虑和恐惧所累。可以说，每个人都能成为"足够好的父母"。

孩子不愿意接受建议，不愿意交流怎么办？有句话我觉得放之四海而皆准：给一些时间，给一些耐心，慢慢来。

故事 05

过度保护与厌学有关吗？

父母以保护的名义提出的要求，隐含着父母对未来巨大的担忧、强烈的焦虑，这种焦虑会让全家人都寸步难行。因为，随着孩子的成长，父母会面临"无助"和"失控"感，无法再像孩子小时候一样有能力替孩子摆平一切，无法帮孩子安排好未来，而原来那个小小的人儿，也不再事事都听自己的，开始叛逆、反抗，或者无视父母的意见。越是这样，父母便越想干预，孩子就越逃避和对抗，最终两败俱伤。

孩子需要保护，需要建立安全感，这是天经地义的。如果没有父母的细心保护，孩子就会像失去母鸟的雏鸟，很难长大。然而，到某个阶段之后，"保护"可能就会演变成"逼迫"，作用适得其反。

一个妈妈跟孩子说："我们没有逼你学习，我们已经很忍耐了，我们只是担心你，想保护你。"对此，孩子显然一点都不领情。

这个高三孩子的妈妈异常焦虑，谈到孩子的时候三句话不离手机："你看她现在哪有高三孩子的样子，回到家从来不做作业，都是抱着手机在看，连吃饭都是戴着耳机，在玩游戏的。""那天我说她天天看手机，不学习，她还很委屈，在那里哭，赌气一句话不说，递纸巾也不接……""我们心里真是着急，你说能不急吗？我现在看她已经好了，没有抑郁了，还不努力就追不上了。我们不敢逼她，万一她做出什么极端的行为来，我们也很怕。""我觉得她就是玩手机玩得不想学习了，学不好又有压力，所以情绪出现问题，都是手机惹的祸。"

说了大概十分钟，妈妈一直围绕着手机反复地表达自己的观点，恨不得立马把手机从女儿手里抢过来。好像只要把手机抢过来，女儿就能恢复积极上进，努力学习。

这个女孩子很特别，第一次见我的时候，显得很拘谨。交谈过程中我习惯性地询问了解她的家庭情况，问到了她的父母，一瞬间，眼泪便顺着她的脸颊流了下来。我以为自己看错了，为了不显得过于大惊小怪，我没有马上回应，顿了顿，我问她："不想谈这个话题，是吗？"她点点头，眼泪流得更凶了，我递了纸巾，叹了口气，心中满是疑惑。因为跟父母相处带来各种情绪的案例也算是见过不少，但像这样一提到"父母"二字便情绪触发得如此明显的情况，确实少见。她的眼泪中，到底包括什么情绪呢？可惜，她不愿谈论。

又一次，谈到高三的紧张氛围，她说现在记忆力很差，当时选择理科，主要是因为记忆力不好，却发现理科也有很多需要背的东西，学习起来越来越吃力，理综和数学都不太跟得上，只有英语稍微好一点。我想了解一下她对目前自己的学习是否满意，以及接下来的打算，便问："那你有什么计划或者打算吗？"话一脱口，便看到她的表情有了变化，她的脸瞬间沉下来，不再说话，一直用牙齿咬着嘴唇，气氛很尴尬。鉴于之前对她的了解，我补充了一句："我不是逼你一定要有计划，我只是想了解一下你目前的情况。"听我说完这句话，她的眼泪又止不住地往下流，她不要纸巾，只用手擦。她仿佛满心的委屈又被人触动了。良久，她才说："我不想谈学习的事情。"

这是个棘手的案例，学习不能谈，父母也不能提，那什么能聊呢？进入她内心的大门似乎是完全关闭的，并且她在门口贴上警示，告诉你所有的钥匙都不能用。我望着紧锁的门，有些进退两难。究竟是怎样的成长经历，会让一个孩子的防御之心如此之强，我又如何才能进入她的内心呢？

好几次，在谈话过程中，她突然不说话，接着眼泪便流下来，因为她以为我又在逼她，比如，逼她去说她不愿意说的话题，逼她去学习。我无比困惑，我确实没有这样的意思，只是想了解她的情况，想知道她为何会对"被逼迫"如此敏感。她在找我之前，曾经有一段时间天天睡觉，在课堂上睡觉，回到家继续睡觉，无时无刻不想睡觉，父母快要急疯了，但又什么都做不了。

有一次，她爸爸很焦虑地找到我，滔滔不绝地陈述他的观点："她现在这样没有动力怎么行呢？现在一定要计划一下未来才行啊，到底是要考大学还是休学，要不要转成艺考，大学毕业之后要工作还是继续读书，将来是找份稳定的工作还是创业，这些都要考虑清楚啊，她现在这样什么都不想怎么行呢？"我默默地听着，有些哭笑不得，按照爸爸的意思，孩子应该将未来十年二十年的道路都想清楚，并从现在就开始做准备、铺路，这样才能保证万无一失，稳妥安全。

而确实，这是父母从小到大教育孩子的原则，为孩子未来铺的路。经常到孩子差不多成年了，周末去找同学还是不被允许的，自己出远门更是不可能。这个女孩子喜欢运动，爱打篮球，性格大大咧咧，喜欢跟男孩子交流，女生的很多细腻心思她无法理解，也不想花时间去揣摩，她更喜欢跟男孩子相处。这在父母那里是大忌，他们不相信男女之间有纯友谊，因此，她平时想跟男孩子联系是不被允许的，更不用说要跟异性周末约出去打场球了。从小到大，父母几乎将工作之余的全部精力都放在她的学习上，从小学开始，每一次考完都会第一时间打电话给她，了解她的考试情况："考得如何？考得不好要总结经验，要更努力。"她很多时候不知道怎么回答，只能听着。中考的时候，她对于考上市重点高中是完全没有信心的，认为自己的水平达不到，父母不甘心，给她安排满了补习班，让她认真努力，争取有所突破。可惜，她最后还是没有考上父母希望的高中。

作为家里唯一的孩子，父母恨不得把她抚养在真空中，零食完全不能吃；因为她肠胃不好，父母对她更加保护，她平时吃得清淡而无聊。奇怪的是，她的肠胃并未因此变好。她说自己好像跟同学活在不同的世界里，小学的时候好不容易申请到 QQ，跟同学聊天却因为不合适的用语被指责，比如说，"呵呵""哦"这一类文字是代表敷衍和不屑的，她完全不懂得。高中之前，她都没有能上网的手机，用的是只能打电话的手机，现在她手上拿的是一个只能用 2G 网络的手机，所以大部分时间只能用来听歌、打电话。最新的娱乐新闻、流行趋势、热门话题，她都不知道，因此很难跟同学沟通。她仿佛是一个异类，与这个世界格格不入。

和她关系好一些之后，我问她为什么抗拒谈论关于父母的话题，凭借职业直觉，我知道这背后一定有难言之隐。她告诉我不知道什么原因，只要一谈到父母便会忍不住掉眼泪，她讨厌流眼泪的自己，显得很软弱。而从小，她只要哭便会被父母骂："哭什么哭，哭有用吗？哭能解决问题吗？"她从小就讨厌哭，更不在父母面前哭。她不想谈，不想流眼泪，说很讨厌自己动不动就哭，比如，有人惹到她，她想去找对方理论，结果还没骂出口，眼泪就掉下来了，所以现在即使被不公平对待，心里很不爽，她也只是忍着，不说话，不争辩，因为不想露出软弱的一面。从小，只要她想反驳父母，表达自己的意见，只要开口说两三个字，妈妈便劈头盖脸一顿骂，理由很简单："父母教育你不是为了你好吗？难道父母会害你吗？"久而久之，她便放弃争执和表达，全部听从父母的安排。

她很喜欢画画，也有老师说过她画画还算有些天赋，高二的时候，她鼓起勇气跟父母提出想学美术，想去参加艺考，父母二话没说，直接否定了："你以为靠画画养活自己那么容易吗？你画画都是模仿别人，没有创意，没有灵气，这条路是走不通的。"无奈，她只能放弃，选择读理科。

这是一对传统的父母，竭尽全力保护自己的孩子，让她避开所有的伤害和危险。关于她的未来，父母也异常焦虑，希望早早帮孩子找到人生方向，找到一条稳妥的路，让孩子一帆风顺地好好生活下去。只要稍有偏离，稍有危险显现，父母便觉大难临头，想方设法让孩子脱离"危险"处境，为此不惜使用一切方法，用得最多的就是——骂。我能感受到这个女孩的父母对她的关心，可惜的是，这份心意没有传达到孩子心中。

这样的保护，换不来理解和感激，只会引来被压抑的愤怒和理所当然的索取。

保护怎么变成"逼迫"的？过度保护孩子的家长，似乎从来没时间认真地看看自己的孩子：多大了？长多高了？哪些事情可以自己做了？哪些能力可能已经超过家长了？他们闷着头，一往无前，按照自己心中孩子该有的样子去跟孩子相处，去代替孩子做决定："你还小，你还不懂事，等你以后长大了就明白了。"

所谓逼迫，就是勉强对方做不愿意做的事情。当然，很多时候这种勉强是出于保护，出于爱，"埋头苦爱"，从不抬头看看身边，关注一下孩子的反馈和情绪；执着而悲情，不撞南墙不回头，甚至撞了南墙还要一意孤行，一腔孤勇，可叹可悲。

遗憾的是，大部分时候是父母越逼，孩子越退缩，甚至越叛逆。父母以保护的名义提出的要求，隐含着父母对未来巨大的担忧、强烈的焦虑，这种焦虑会让全家人都寸步难行。因为，随着孩子的成长，父母会面临"无助"和"失控"感，无法再像孩子小时候一样有能力替孩子摆平一切，无法帮孩子安排好未来，而原来那个小小的人儿，也不再事事都听自己的，开始叛逆、反抗，或者无视父母的意见。越是这样，父母便越想干预，孩子就越逃避和对抗，最终两败俱伤。

另一方面，被父母过度保护的孩子，很少有自己实践和体验的机会，成功的体验更是少之又少，从而难以建立对自己能力的客观评估，遇到困难更易逃避。

我总是告诉父母们："你不可能代替孩子完成所有的任务，这不现实。"父母也需要接受自己的无能为力，父母不可能永远为孩子保驾护航，并享受由此而来的成就感和掌控感。孩子需要长出羽翼，只有这样才能应对风雨，并不是父母不断催促、全面规划，就能让孩子一帆风顺。

很多动物会让幼崽尽快独立生存，而人类因为具有更多智慧和能力，能够为幼小的子女提供更多的便利，所以更易"心软""担忧"，更易不自觉地去保护，孩子也就习惯一遇到危险就躲回父母身边。这使不少孩子不相信自己有独当一面的能力，总是在不断纠结、怀疑、焦虑中蹉跎时光。

放手，大约是很多父母都明白的道理，然而，父母真的明白这一举动的重要性吗？真的做到了吗？

孩子不上学，能骂醒他吗？

每个厌学的孩子，总少不了挨骂，或早或晚：要么是持续地低强度攻击——每天都会挨上一小顿数落、抱怨；要么是承受长久忍耐后的集中爆发——父母在耐着性子等待几周、几个月之后，发现孩子无法正常上学，而且天天手机不离手，忍无可忍之下，在某天相约来到孩子的房间，集中火力骂上一两个小时；或者是家中永远不爆发战争，但家中气氛持续"低气压"，每个人都小心翼翼、没有笑容地过着每一天，以致孩子会说："你还不如骂我一顿。"

　　一个初二的女孩，跟我控诉了很久她父母在她刚休学那段时间对她的"折磨"。女孩爸爸长期不在家，主要由妈妈来照顾她。小时候她是众人眼中的乖乖女，但会经常装病请假。父母对其成绩要求极严格，小学时考了 99 分都要被责问："那一分是怎么丢的！"好在小学时学习简单，加上天性聪明，她学习成绩一直比较好。

　　上初中后可谓诸事不顺。她先是住校不习惯，跟舍友相处不好，三天两头打电话给妈妈，要回家，妈妈只能安慰鼓励，偶尔也接她回家。有一次她直接从教室里出来，在保安室坐了近一天，谁劝都没用，老师没办法，只能打电话让妈妈来接。她眼泪汪汪地好不容易盼来了妈妈，正想得到妈妈的安慰，但当着老师的面，妈妈并没怎么理会她，只是一直跟老师道歉，等老师一走，回家的路上，她却被骂了一路，"不懂事，不懂得体谅父母的辛苦，自私自利……"几乎所有能想到的负面评价都被扣在了她的头上。逐渐地，她学习吃力起来，再加上小学时她习惯随便学学、随便听听的方式，对于初中深入思考的学习方式，她完全不适应。因此成绩一直达不到父母的期望，且再怎么用功学习，成绩也起色不大，她特地说了一件事：有一次她发奋努力，几乎就要不眠不休了，考试成绩从年级一千多名进步到七百多名，家人只是让自己继续努力，也没有夸奖和鼓励自己。父母后来的解释："我们当时觉得以她的能力，全年级七百多名其实不算什么，她还可以考得更好。"她想要的肯定和支持没有得到。

　　后来，情况更糟了。她在学校跟老师发生冲突，跟体育老师顶嘴，被班主任教训。她经常因为在宿舍讲话、不交作业等原因被请家长，妈妈每周要被叫到学校两三次。常年不在家的爸爸便指责妈妈："什么都不用干，就带个孩子还把孩子教成这样！"经济大权掌握在爸爸手里，妈妈一声也不敢吭。接着，家里出现了很多"热心人"，所有亲人都洞明一切地指出：妈妈不会教孩子，是太宠孩子才把孩子弄成这样的。面对亲戚、长辈，妈妈依然不敢吭声。妈妈每次接到老师电话，都会心跳加速，但也只能硬着头皮去学校，要么接孩子回家，要么领教一番老师的数落，痛陈孩子的种种堕落。

妈妈着急、羞愤之下，便多次动手打孩子，孩子性格倔强，打得再重都一声不吭，也不认错，不过事后会自己偷偷躲在被子里哭，也经常在学校、厕所和宿舍里哭。家里人完全不知道，只是觉得孩子颓废了，自暴自弃，想尽快骂醒她、打醒她。她说："我在小学是风云人物，到初中也还是风云人物，只是当风云人物的方式不太一样。"小学的时候她是老师和家长的宠儿，现在是人人嫌弃的对象。成绩下降之后，她也不再敢跟学习上进的同学玩，只结交年级里不学习的一帮同学。因为仗义，肯帮助人，她在这个群体里颇有威望，便渐渐找到了久违的归属感和认同感。父母生气的时候会经常说："不管你了，你想怎样就怎样吧。"她面无表情地对我说："心理上知道他们不会不管我，但是已经心寒了，自己就慢慢放弃自己了。"

这进入了一个恶性循环、一条死胡同。想要骂醒一个孩子，原本就是目标和方式南辕北辙的，不可能到达目的地。

骂是一种满含愤怒的表达方式，而这种愤怒，会有多种呈现形式，除了破口大骂，还有不断地唠叨指责，这种指责看似不带情绪，却句句如刀，伤人不见血。为了增加杀伤力，还可以配以眼泪和满脸愁苦，而这种方式让人产生的愧疚、自责之深刻、之持久，超乎一般人的想象。

不止一个孩子告诉我，他们的父母曾痛苦绝望地望着他们，眼睛里都是泪水，却又拼命掩饰着痛苦，有气无力地控诉："你到底想怎样？不就是上个学吗？有那么难吗？别人都可以，为什么你不可以呢？"他们听到这样的话的时候，在某一瞬间会很蒙："我想怎么样？我没想怎么样啊。"接着便会有蚀骨的寒冷和绝望："很多时候我会想，是不是我消失了就好了，就不会给他们增加负担了，大家都轻松了。"整个过程，完全看不见刀光剑影，却直刺人心。

还有一种进攻方式是"以退为进"，主攻防守，其最有力的武器则是自己精心打造的盾牌。为了自保，父母随时随地准备着盾牌，盾牌会自动识别危险，而且这种识别往往过度敏感，经常将飞过的鸟儿、蚊子、昆虫都当成危险和攻击，因而立即启动防御机制，拼命往外挡。在往外挡的过程中，为了确保防御完全，将攻击物远远弹开，必然会增加力量。于是，对面的人被误伤的可能性会非常大。而最容易受伤的，通常是没有任何保护措施和工具，又对父母绝对信任的——孩子。

这个女孩跟我说，爸爸对她的成绩要求非常高，没有上过大学的爸爸，将成绩看成一个解决所有问题的万能药，将大学校门看得神圣无比，誓要将孩子顺利送入大学校门。因此，她告诉爸爸自己人际关系出现问题，在学校被孤立、排斥，爸爸给她的回应是："你好好学习，成绩好了自然就有很多人请教你，自然就能交到很多朋友。"她觉得数学老师不喜欢自己，忽略自己，得到的回复当然也是："你努力学习，把成绩提上去，老师自然对你刮目相看。"遗憾的是，女孩并不是一个擅长学习的孩子，到初中之后，她拼命努力，成绩也不见起色，因此常被爸爸责骂，甚至因为成绩而被打。

后来，她被查出患抑郁症，一开始爸爸很难受，哭着跟她说："你没有病，都是爸爸的错。"然而，虽然爸爸做了这样的表达，却没有任何的改变，还是天天盯着她学习，她只要没有学习，无论做什么事情都会被骂。而一两个月之后，爸爸仿佛想通了：原来自己没有问题，都是孩子的问题。他找到了两个有力的证据：不认真上学和玩手机。孩子抑郁休学，他每天跟孩子说得最多的话便是："你要自己调整，恢复正常的生活，不要给我添麻烦。"并且坚定地相信："你有什么病？都是玩手机害的。"确实, 在休学期间, 她几乎不出门, 每天躲在自己的房间里, 看喜欢的漫画。她说: "漫画里是美好但不真实的世界。"我以为是因为里面有这个年龄的孩子喜欢看的爱情故事, 于是便问: "是因为书里面有美好的爱情吗?"她摇摇头: "不是。"接着解释: "里面的人物错了会说是自己错了, 是真诚地承认, 而现实中的人不会这样。"

她对爸爸有很多的愤怒, 几乎不跟爸爸说话, 觉得他说话从不算话。然而, 在她非常抑郁、对什么事情都不感兴趣, 情绪长时间处于麻木状态, 哭都哭不出来的时候, 她仍想尝试看看能不能回去上学。她说在想上学的第二天晚上, 便做噩梦梦见自己去上学, 一坐在教室里便觉得喘不上气来, 胸口压抑得不行, 梦里她去找妈妈, 接着便吓醒了。我感到奇怪, 她明明几周前刚办了休学一年的手续, 大部分孩子在这样的时候都会完全安下心来, 不再想上学的事情, 反正一年的时间很长, 而她却仍在纠结, 这很特别。她说: "我想恢复正常的生活, 不想成为家里的累赘和麻烦。"我恍然大悟, 她表面反感和疏远爸爸, 其实仍在意他说的话, 并且全盘接受。

她说: "既然他们都说不是他们的错, 我想了想, 那就应该是我的错了。"我发现这个推理过程没有明确的逻辑, 再三询问, 她也无法描述, 她像自动转化一般, 将爸爸因为自保放出的箭, 不加阻挡地完全接到自己身上。她说: "不管我跟爸爸说什么委屈, 最后的结果都会变成是我自己的错。"这真是一种神奇的阻挡和转换的能力。比如, 要是她告诉爸爸同学们对自己不友好, 爸爸便会说: "谁让你成绩不够好, 你成绩再好一点, 就会有很多同学向你请教, 人际关系自然也就好了, 学渣是肯定没有朋友的。"久而久之, 爸爸这种意识演变成了她的思维模式。

不断自责是自己错了的孩子, 或许只是希望父母看一眼她的伤口, 抱起她安慰一番, 感受一下她身上的痛, 让她感觉到家人是跟她在一起的, 是会保护她、心疼她的, 便足矣。当然, 如果下次父母们再举起盾牌的时候能够稍稍犹豫一下，思考一下，关注一下对面那个弱小的孩子的反应，将是"善莫大焉"。

　　放下你的盾牌，以心换心地去与孩子真诚沟通，去倾听她内心的想法和感受，去无条件地接纳她的无助和羞愧，真的没有那么难。

　　无论是直接攻击的"打骂"，还是隐形攻击的"悲伤"，又或者是无心之失的"挡箭"，从本质而言，都是把孩子当成敌人，当成要攻克的堡垒，当成不可沟通、不思进取、顽固不化的对象，是隔着距离的推测、试探，没有真正蹲下来听听孩子的心声。

　　这样的斗争，赢了又如何？孩子真的去上学了又如何？

孩子不想上学，尊重他的想法吗？

一旦孩子不想上学，身边就会莫名出来很多热心人，积极地出主意，表达观点："孩子不上学就算了，你自己不也就是个初中毕业吗？""还是要尊重孩子，逼他要是逼出问题来了怎么办？""人生也不是就上学一条出路，你看很多名人也不都是高才生，也有很多辍学的。""不上学就让他在家里待着，等他某一天想通了自己就会去找出路了。"还真有家长认为大家说得有道理，干脆就让自己的孩子休学在家，彻底地放松，静待花开。

不是提倡尊重孩子的个性，尊重孩子的想法吗？为什么要反复谈厌学问题，谁规定每个孩子都必须上学？孩子难道不能有自己选择人生道路的权利吗？这也是困扰很多家长的问题。

而一旦孩子不想上学，身边就会莫名出来很多热心人，积极地出主意，表达观点："孩子不上学就算了，你自己不也就是个初中毕业吗？""还是要尊重孩子，逼他要是逼出问题来了怎么办？""人生也不是就上学一条出路，你看很多名人也不都是高才生，也有很多辍学的。""不上学就让他在家里待着，等他某一天想通了自己就会去找出路了。"还真有家长认为大家说得有道理，干脆就让自己的孩子休学在家，彻底地放松，静待花开。

的确，有很多名人都中途退学了。

三毛算是其中的典型代表。说起三毛退学这件事，还得从三毛初二时的一堂数学课说起。三毛是一个偏科的孩子，文科类的成绩要明显好过理科。但在面对数学这个"拦路虎"时，三毛没有想过退缩。为了把数学考试分数提上去，三毛把课本后的习题一道道背出来：因为她发现数学老师每次出的考试题目，都来源于课本后面的习题。发现这个秘密的三毛，凭借惊人的记忆力，把课本后所有的习题包括答案都背了出来。

结果，三毛那段时间一连考了 6 个 100 分。

平时连及格线都难以达到的三毛，引起了数学老师的注意。有一天，在两节数学课之间的休息时间，老师把三毛叫到了办公室，叫她临场做一张全新的数学试卷，规定她 10 分钟内把一些习题演算出来。且不说这张试卷是初三的，单凭三毛那死记硬背的数学功力，她完全束手无策。在干坐了 10 分钟后，三毛告诉老师：她不会做。可是，回到教室后，数学老师并没有罢休，她拿着墨汁和毛笔在三毛的两只眼睛周围画上了两个大圆圈！意思是三毛只会吃鸭蛋（即零分）！这样还不够，整整一节课，三毛就一直站在教室的角落直到下课，更要命的是，这位数学老师下了课还叫三毛"带妆"到操场上绕一圈再回教室。小小的三毛哪有反抗老师的意识和勇气？众目睽睽之下，三毛乖乖绕操场一圈后回到教室。

这件事对三毛的打击相当沉重，它成了迫使三毛彻底离开校园的最后一根稻草，原本三毛就经常逃学不愿去上课。自此之后，三毛便无法再在学校正常上课，每天早上想到自己要去上学，三毛就条件反射似的昏倒并失去知觉。

因为这样的状态，13 岁的三毛只能退学。

退学后的三毛自我封闭了很长时间，甚至想到以极端的方式结束生命。三毛的父母为了帮助三毛走出来，不仅为她转学到国外学习才艺，还带她向各路名家学习画山水花鸟之类的画。在三毛退学后的求学生涯中，对她人生轨迹影响最大的，其实并不是她父母带她拜师求艺的这些名家，而是一位年轻的画家，名叫顾福生。这个人对三毛有莫大的影响，不仅对她有知遇之恩，更有疗愈创伤之效。在师从顾福生门下的这些日子，一直封闭在自我世界里的三毛开始变得开朗爱笑起来。同时，她找到了她的缪斯女神——文学写作。

我讲这个例子的目的主要有以下几个方面。

第一，退学对于任何一个孩子都是巨大的打击，即使是对于三毛这样从小便很有个性和想法，早早展露文科天分的孩子而言也是如此。与众不同，对孩子而言是沉重的负担，需要极大的信心和能量才能承担。我见过那么多休学的孩子，真的在家里过得如鱼得水，有理想有目标，合理安排时间、生活和学习，走上另外一条自我实现之路的几乎没有。厌学，常常伴随着明显的情绪和行为问题，会是很多孩子成长过程中最大的挫败。休学、退学，很难成为真正解决问题的方式，它更像是在掩盖、逃避问题，这样的应对模式一旦形成，会直接影响孩子未来的人生发展。

第二，是否每个孩子都像三毛一般拥有过人的天赋？三毛除了文字能力了得，画画也非常有天分。

第三，三毛的父母有能力有条件带三毛去拜访各路名师学习。试问，有多少普通家长有这样的能力？面对一个学龄期天天在家的孩子，该怎么安排他的时间，怎么让他继续坚持学习，不至于在基本能力上落后于同龄人？可能有人会说现在是网络时代，网上有大量课程和资源，且经济实惠，大可以让孩子在网上学习自己感兴趣的课程。不可否认，这是时代的进步，然而，网上学习仍存在明显缺陷，尤其是难以进行有效的考查和督导。孩子学与不学，学的效果如何，很难评估，更不要提师生之间、同学之间需要情感的连接和学习的互动。

接受应试教育的孩子，大多都已经习惯由学校安排学习时间，不需要自己安排学习进度。孩子在家有家长安排和督促，在学校只要跟着老师的节奏和进度就行。休学之后，面对大量的空闲时间，很多孩子一开始都觉得新奇和兴奋，通宵游戏，日夜颠倒，但一两个月之后，游戏玩厌了，觉也睡够了，空虚感随之扑面而来。想自学技能，但大多数孩子都是三分钟热度，难以坚持。缺乏良好规划能力和习惯的孩子，面对每天的空白时间是不知所措的，不知道如何过才有意义，怎么做才能让自己"光阴莫虚度"。

第四，休学的孩子真的会在某一天顿悟，进而奋不顾身去追寻自己的理想和未来吗？很遗憾，我看到的大部分都是节节败退的例子。比如，孩子一开始只是去不了学校，渐渐就可能变成出不了门，接着就是基本不出房门，后来干脆就天天窝在自己的床上，日夜颠倒，生活混乱。逃避、退缩，让青少年欲罢不能，而越逃避越自责，越自责越无法改变，由此陷入恶性循环。青少年群体是尚在成长中的人群，必要的引导和教育对其是十分必要的，也是他们需要和期待的。上不了学，是他们遇到的困难，他们需要的是成人帮助他们一起去解决，而不是直接带着他们逃回家里。

也许有人会说，以前的人那么多小学没毕业，初中没毕业，十来岁就待在家里，玩了一两年不也都出去工作了吗？还不是照样养活自己？也不是每个孩子都能出人头地的，只要能养活自己，不成为社会的负担就行！现实是，随着社会经济的发展，现在的孩子已经完全没有生存压力，在他们的成长过程中从未经历过物质的短缺，没有过吃不饱饭的生存恐惧，没有最原始的动力推动他去学习和振作起来寻找其他出路。父辈积累的物质财富、父辈吃过的苦，让他们本能地去保护孩子，为孩子提供最大的支持，这一代孩子为了解决生存问题而去工作的动力，已经明显下降。待在家里，最后沦为"啃老族"的可能性会更大。

我再谈一个 7 岁孩子的例子。这个孩子在上一年级时出现明显的适应问题，一到上学的时间就呕吐，还在家里不停哭闹，一路上都干呕，一直到走进教室里，才能稍微平静下来。父母从没遇到过这样的情况，几乎六神无主了，一位"热心"的朋友在这时候就及时地出现了。这个朋友一方面跟孩子的父母痛陈逼迫孩子的种种恶果，还举出新闻上抑郁症之类的例子；另一方面，他大谈特谈尊重的重要性，表明现在的孩子都非常有想法，现在的小学生已经比以前的高中生更有想法，更有主见了，并且再三强调："尊重，一定要尊重，明白吗？"本来就不知所措的父母听了这一番话，哪里还敢不照做，当即就给孩子请了一周的假，告诉孩子千万不要有太大压力，好好放松，什么都不要想。这一周时间里孩子简直像在天堂，每天在家玩游戏，睡到自然醒，父母好吃好喝地伺候着，想要什么父母也都尽量满足。当然，他也答应得非常好："下周一一定去学校。"父母满怀期待，等着他休息好之后正常回归学校。

从表面上看，给孩子请了假，他不呕吐了，也不哭不闹了，家庭似乎恢复了和谐，氛围也不再那么紧张。这样的转变，对处于焦虑紧张中的父母而言，也是必要的放松。每天跟孩子纠结上学的事情，会令父母非常崩溃，做出这样的选择，有时候也是父母的内心需要：寄希望于奇迹出现，孩子说话算话，只要稍微放松一下，一切就会迎刃而解。就像很多父母一遇到孩子心情不好，就带他们出去旅游一样，期待着短暂的放松能解决根本性的问题。然而，这充其量只是一个转移注意力的方式，不可能真正起到改变现状的作用。

一周之后，原本只是偶尔请假的孩子，现在完全去不了学校，一走到校门口就大哭大闹，谁劝都没用，校长在校门口接他，老师在校门口等他，让他最好的朋友带他一起进校门，都没用。他一到校门口就抱着那个大柱子，死也不放手，恨不得跟柱子长在一起。软的不听，硬的反抗，每天早晨上学的时候都像打仗一般，一番抗争之后，父母只能再次妥协，于是他得以回到家里，再次获得一天的假期。如此这般，整整一个月只去了两三天学校，父母着急得不行，各处求医，孩子却像没事人一般，过得非常逍遥自在。

在这里，我们要说的是，当孩子体验到了逃避困难的轻松和愉悦，知道有人会想办法帮助他阻挡压力的时候，它就会成为一种欲罢不能的经典模式，他会想方设法维持这样的模式，而不是像我们理想状态中那样去主动挑战自己，战胜困难。趋利避害是人之常情，而对认知发展尚未成熟的孩子而言，舒舒服服地待在家里，肯定比去学校面对压力要来得舒服，至于未来和前途，一个几岁的孩子是很难有清晰的概念，看得那么长远的。

综上所言，如果你不是已经具备足够好的条件，可以保证安排好孩子在家里的时间，能够帮孩子联系足够多的资源，有信心陪伴孩子在一次次不断的退缩中不放弃前进的希望……最好不要轻易松口同意孩子不上学，特别是年龄尚小，几乎没有发展出足够的判断力和思考能力的孩子。孩子是需要父母帮助他们指引大的方向，引导他们去进步和克服自身弱点的。

这是孩子成长的一部分，也是父母责任的一部分，与尊重无关。

故事 08

孩子厌学，都是父母的错吗？

不知道从什么时候开始，父母成了孩子所有问题的"罪魁祸首"。孩子有抑郁症，肯定是父母教育方式不恰当，没有关心孩子的内心感受，父母太功利，只要求孩子学习成绩；孩子学习成绩不好，肯定是父母没有认真辅导、严格要求孩子，没有帮助孩子养成好的学习习惯，没有找好的辅导班，天天忙自己的工作，不关心孩子；孩子不懂礼貌、不孝顺，父母更是难辞其咎，因为什么样的父母教出什么样的孩子……

　　父母越来越难当了，为了做称职的父母，要拼尽全力，投入大量时间、精力、金钱。如今养育一个孩子，比以前养育十个孩子还要累。为了养好孩子，很多父母放弃了休息时间，放弃了自己的梦想，放弃了自己的生活，真正算得上"鞠躬尽瘁"。然而，结果却只能祈祷上天保佑，毕竟，养孩子不是种庄稼，只要控制好土壤、湿度、温度和阳光，就能保证长出好的庄稼。

　　在厌学的问题上，父母更是百口莫辩：为什么别人的孩子都不厌学，只有我家孩子厌学？焦虑、自责、相互指责，弥漫在每个厌学家庭的每个角落。

　　我见过太多这样的家长。

　　一个小升初时出现情绪问题，休学一年的孩子，无时无刻不在指责妈妈："都是你当时报了那么多补习班，不断逼我学习，最后才把我逼崩溃了，现在我学不了，你满意了吧？"除了耿耿于怀上学的事情，妈妈的一举一动儿子都不满意："说话犹犹豫豫的，不知道心里在想什么？""整天板着一张脸，不知道有什么不开心的，我都这样了，还对我不满意！"说到激动的时候，他还砸东西、捶墙、踢门，家里谁劝都没用，谁都不敢靠近，有时一闹就是一两个小时。妈妈也不断自责，深以为都是自己的错，都是自己当时不断逼孩子，不断给孩子报补习班，不断要求孩子考更好的学校，害了孩子。妈妈在儿子面前头都不敢抬，每说一句话都小心翼翼地，都要深思熟虑，生怕惹孩子不高兴。妈妈带着自责对孩子百般弥补，跟孩子说话轻言细语的，原本知道不该答应的要求都答应下来。

　　做家庭治疗的时候，妈妈每当想开口说话的时候都会先看看我，用询问的眼神望着我，像一个因为做错事而不知所措的孩子。我对她点点头，说:"你想说什么就说，没关系的。"妈妈这才鼓起勇气，咽咽口水，思索再三，说一两句话。当然，很多时候话还没说完，就被孩子抢过去:"看看，说个话都说不清楚。"妈妈便立刻停下来，不敢再继续说下去。

另一个是上初二的孩子，因为分班之后在新班级不适应，加上严重的社交恐惧，休学在家。此后，父母经历着炼狱般的生活。孩子不上学，三姑六婆、七大姑八大姨、左邻右舍都不闲着，热心到让人有些无法接受。有的说:"是他们太宠孩子，不逼孩子去上学，孩子不能什么都宠着、顺着，该逼就要逼。"又有人说:"不上学就让他去打工啊，让他天天在家闲着打游戏，太不像话了。"还有人说:"还是你们不忍心，要是我的孩子，早送他去打工了，让他吃吃苦，就知道上学的好了。"连妈妈的姐姐也抱着同样的观点:"我早就说过你们夫妻俩，对孩子要严格一点，什么都迁就他，现在长大了，管不了了吧?"甚至有亲戚直接说:"这样的孩子，就是欠打，多打几顿，我看他还敢不听话，小小年纪不上学，成何体统!"……

总之，每句话听来都像是关心，却又都暗含着指责。指责父母教子无方，指责夫妻俩太心软，指责他们不忍心孩子吃苦。言下之意，这样的孩子落在他们手里，保管早就收拾得服服帖帖的。

是的，在指导他人的时候，每个人都是"专家"。

这对父母每隔一段时间就希望跟我交谈一次，名义上是了解孩子的情况，交谈的时候就滔滔不绝地表达他们的担忧，妈妈有时候忍不住偷偷转身哭。妈妈说:"只有在医生面前能说这些话，身边没有人会理解，都以为是我们不忍心、太宠，人家又都是好心，我们也不能说什么，只能听着。"时间长了之后，孩子主动提出让我隔一段时间跟他父母谈一下:"我觉得他们比我压力还大，还焦虑，你安慰一下他们吧。"

我认识一个全职妈妈，上初三的女儿休学之后，全家人都将矛头指向了妈妈，毫不掩饰地指责妈妈没把孩子教好。爸爸一直在外地做生意，妈妈在家照顾两个女儿，小女儿没办法上学之后，各种指责、建议几乎要将妈妈淹没。爸爸一年只回家几次，但是事业有成，在金钱方面给家里最大的支持，孩子厌学之后，爸爸第一个跳出来指责妈妈"慈母多败儿"。大女儿看不过去，替妈妈出头。妈妈只是哭，一句都不敢反驳。

承受着巨大的焦虑和委屈的妈妈，将愤怒全都倾倒在孩子身上，孩子休学在家的期间，妈妈动不动就发脾气，严重的时候就直接打孩子一顿。打完了孩子，看着孩子身上的伤，妈妈自己就哭，又不忍心，要给女儿擦药，女儿不愿意，妈妈则哭得更厉害了。妈妈虽自责后悔，然而过几天，又再次情绪失控，同样的事情再次上演。原本遇到困难第一时间想到妈妈的女儿，在休学期间，跟母亲的相处发展到水火不容的地步，女儿觉得自己孤立无援，好几次有轻生的举动。

除了他人批评，也有主动展开全面自我批评的，全家人都在比谁自我检讨得更狠。有个摆沙盘追求绝对整齐，反复调整的 7 岁男孩，他的爸爸在看到他摆的沙盘之后，不断感慨："这摆得太整齐了，这太累了，我以前完全不知道他过得这么累，都是我的错，以前对他要求太严格，总是要求他什么都要做到最好，还动不动就对他发脾气，把自己工作上的压力发泄到他的身上，我真的太不应该了。"我跟他反馈孩子积极的方面："也不全是不好的，一个 7 岁的孩子，能够站一个多小时，反复调整，坚持把自己的沙盘摆到满意为止，这份耐心和毅力不是这个年龄的孩子都有的，而且他的思路很清晰，很早就规划好了自己沙盘的结构，这些都是优势。"爸爸点了点头，眉头仍然紧锁着，接着说："但是太工整了，太追求完美了，太累了，都是我造成的。"我无奈地笑笑，不清楚爸爸是否听到了我的话，他的全部意识和无意识都在拼命自责，深刻检讨。在他的眼中，孩子现在不愿意上学，都是他一手造成的，他应该负全责。

然而，孩子邀请父母看他的沙盘，其实是希望向父母展示他一个多小时认真创作的成果，希望听到父母的赞叹和肯定，爸爸却只能勉强说一两句："摆得很漂亮，摆得好认真。"之后，就再也找不到其他的词语了。大概他满脑子都是"太完美""太累""太整齐""都是我的错"……

与此相对应的是行为上的改变。原本对儿子处处挑剔，稍有洁癖，比较追求细节的爸爸，在跟儿子相处的时候完全走向了另一个极端。虽算不上有求必应，但只要孩子稍一不高兴，爸爸就会变得不知所措，不断地问孩子："怎么了？怎么不开心？爸爸说错了什么吗？"儿子一言不发。爸爸接着说："如果我有说得不对的地方你就告诉爸爸，爸爸改，爸爸一定改，都改。"儿子还是不说话，爸爸几乎要抓狂，坐立不安起来。有时候要求得不到满足，儿子不高兴，又哭又闹，甚至动手打父母，打妈妈的时候妈妈还会抓住儿子，表达说："好痛。"并且稍微教育一番。打爸爸的时候则是另一番样子，爸爸只是坐着，不动也不躲，就任凭孩子一直打，打到他解气为止。有时候实在被打得太痛，对儿子说了一两句重话，他也后悔得不行："对不起，爸爸没有控制好自己的情绪，说话又大声了。"眼看着这个长相清秀、斯文的孩子变成了家里的小霸王，夫妻俩除了叹息，别无他法。

也许有人会说："孩子上不了学，难道父母没有责任，家庭没有责任吗？"当然不是。自始至终，我都无意替父母开脱，不是要证明父母没错，父母不需要反思，更多的是想告诉各位家长，无论是"父母永远是对的"，还是"父母应该承担所有的责任"，这种走向极端的归因都是百害而无一利的。

极端归因，父母会越来越焦虑，越来越不知所措，会开始怀疑自己作为合格父母的能力，陷入深深的自我挫败之中。强大的自我挫败，只会造就小心翼翼的家长，造就"家庭霸王孩子"，并不会提供适合孩子成长的理想家庭环境。

我始终相信，每一对父母，都具备一些作为父母的基本特质及天性。出现偏差，只是因为一些因素，例如情绪，例如父母成长经历中的创伤，例如外界大环境的影响，造成潜力无法发挥，能力无法体现。多年的心理研究证实，除非万不得已，父母依然是孩子最理想的抚养人。至于父母需要被引导，需要成长，需要培训，并不是否定父母之前所有的努力和付出，这是时代进步对于父母提出的更高要求。

对父母多一分宽容和理解，才是对厌学孩子真正的帮助。

孩子不上学，能用激将法吗？

总是有家长认为，孩子就是要刺激，就是要骂，不然会自满，会骄傲，会止步不前。刺激得越狠，孩子就越会绝地反击，证明给父母看："我行！"

是的，有这样的孩子，心理韧性强，不服输，百折不挠。遗憾的是，大部分孩子并不属于这一类。

这个厌学的孩子已经好几个月没有去学校了，在家里过得非常颓废，做什么事情都没有动力。她的手臂上都是伤痕，那些都是她用刀划的。她原本不甘心去读职高，于是选择初三复读。起初，她满怀斗志地学习了几个月，然而，随后却仿佛电量耗尽一般，无论做什么事情都提不起兴致。

"老师发现我状态不好就建议我休学。父母一直对我学习期望较高，爸爸曾经是老师，所结交的朋友都是老师，他们的孩子学习成绩都很好，中考考上的都是当地的重点学校。只有我中考失利，初三毕业的暑假，我基本没有过过一天安静日子，爸爸只要在家，就盯着我骂，不管我做什么都能招来一顿责骂。"她说，爸爸基本不带她出去。偶尔碰到熟人，对方问起她上的高中，爸爸总是支支吾吾。而每次不小心碰到熟人，回到家爸爸总会挑到一些毛病将她又骂一通，弄得她莫名其妙。别人"初升高"的暑假是解放，是防松，她的暑假过的是炼狱般的日子。在父母的催促与期待之下，再加上心有不甘，她最终选择了复读。

复读几个月后，她发现自己莫名地烦躁起来，做事无法静下心来，看书更看不进去，学习显得力不从心。眼看再次临近中考，她心中着急，好不容易鼓起勇气，跟父母说了上学无法集中注意力的事情，只是希望他们能够帮自己，告诉自己提高注意力的方法，或者帮自己找到无法集中注意力的原因，并不是真的不想上学。谁知她刚说完，父母二话没说，劈头盖脸就一顿骂："那还不是因为你学习不认真，还爱打扮，心思不放在学习上，没有上进心。"她无言以对，不知道为何说一下自己的感受，会让父母反应这么大，说话这么激烈。她失落地说："可能在他们眼中，我就是这么差，这么好吃懒做。"

爸爸曾经是老师，对她学习期望较高，坚持认为成绩好是唯一的出路，希望她考上重点高中，总是拿她跟朋友的孩子做比较，得出的结论当然是别人的孩子多么优秀，她多么不好。爸爸对她的评价就是一个字：懒。而且爸爸找了许多论据来证明自己的观点：学习一直不够努力，懒得动脑筋，懒得做练习，不懂的也懒得问老师同学，在家里也是一样懒，从来不做家务，桌子乱得一团糟也懒得收拾……总之就是已经懒得无可救药了。爸爸跟她的相处时间不多，但只要在一起，就一定是不停地碎碎念："你看你懒成什么样子了？书也不看，作业也不写！""你看你这房间乱成什么样子，动手收拾一下都懒得动，我真是服了你了。""你看你这题做得，这么简单的都错，还不是因为你懒得动脑筋，我看你这样下去怎么办，到时连职高都没得读。"总之，"懒"成了爸爸万能的表达，无论什么情况都能把她跟懒挂上钩，并且表达得有理有据，不容反驳。她说："我长这么大，基本没有听到过我爸表扬我。在他眼中，我一点优点也没有。"

无论她考得多好，她爸爸都从来不会肯定她，只会要求她考得更好。现在爸爸仍然要求她考重点高中，但她中段考差两名进入重点班，她所在的学校高中升学率不高，上高中基本没有希望，更不要说重点高中了。爸爸好像看不到这些现实，坚持认为是她不够努力、不认真、懒，所以才学不好。

而妈妈会在孩子说自己感受的时候，表达不耐烦和委屈："总记得不好的事情，不体谅我的苦心。"

有一次这个女孩说起前两天爸爸给她补习，她只是试探性地表达万一考不上高中，可以读中专或者职高，爸爸表示完全不接受，反复强调一定要考上高中，只要她努力就一定能上高中。"你就是怕辛苦，就是不想努力，就是懒惰，你这样能上高中吗？我看你职高都上不了……"她进退两难，担心考不上父母会非常失望，但自己对上高中确实没有把握。

爸爸觉得还没有达到教育目的，继续说："整天好吃懒做，一无是处，国家是养有用的人，而不是养你这样的废人。"三句话不离"废人"，好像要想方设法让她记住自己的身份，认可自己的废人标签似的。

然而，我后来得知，这对夫妻其实对孩子爱得非常深切。

这个孩子来得非常不易，因此妈妈将孩子当成心肝宝贝，又紧张又细心地呵护，能帮孩子做的基本都包办代替，完全不让孩子经历任何挫折。妈妈说起这些，眼泪不停往下掉，那眼泪中似乎有很复杂的含义。妈妈那么疼爱的孩子，却总是忍不住在愤怒的时候打骂她，用最贬低人的语言去评价她，妈妈自己也无法理解。

这样的"爱之深，责之切"，这样坚持以贬低的方式来督促、刺激孩子进步，真的能达到预期的效果吗？大部分都是事与愿违的。孩子不仅没感受到父母的"激将"，还只接收到父母对自己的贬低、厌恶，对自己更加没有信心，最后终于连站起来的力量都没有了。

我常问父母：在孩子到一定年龄之后，你们有试过像对待成人一样跟他对话吗？有试过以平等的地位，真诚地交流彼此的感受吗？

孩子不上学，父母一顿吼，一顿骂，甚至一顿打。孩子缩在壳里，把头深深地埋进土里，充耳不闻。另一个已经休学一年，两次尝试回校的初二孩子便是其中的典型。每当他上学遇到困难，比如，学习压力或者人际交往的问题，他便回家将这些问题告诉父母，说自己害怕，应对不了，要求父母帮他请假。接着，他便跟没事人一样坐到电脑前不分白天黑夜地玩游戏，问什么他都不吭声。父母着急得要命，每天跟我说他的动向，问我该怎么办？只要他一不去学校，便想约我给他做心理辅导，恨不能我每天给他上一堂课，让他能够回心转意，乖乖回学校。只要他不上学，父母便轮番上阵问他："到底是什么原因呢？""有什么需要我们帮助的吗？""不上学怎么行呢？不上学你将来怎么办呢？你初中都没毕业，将来怎么找得到工作呢？我们不可能养你一辈子呀。"不过，他自始至终都没有表态说自己不上学，他只是不停找理由，让父母给他编各种借口来跟老师请假。很多时候我有一种冲动想告诉父母："这是他自己的事情，让他自己去跟老师请假！"话却从未说出口，我知道我面前的家长一定都是不忍心的，会无比担心孩子给老师留下不好的印象，担心会被记旷课，旷课太多会被退学……

没有一个家长能够忍心让孩子被老师批评甚至面临被退学的危险，家长总是一边抱怨，一边绞尽脑汁想各种理由，全身上下能生病的地方都生了，家里能出的事也都出了，总之无论如何，要保证孩子安然在家待着，哪怕玩游戏，老师还以为他正经受痛苦的折磨。搞定了老师，家长立刻马不停蹄地劝诫孩子，动之以情，晓之以理，总之用心至极。孩子呢，仿佛跟游戏长在一起，眼睛都不抬一下，一言不发，不反驳，不赞同，逼得父母要抓狂。"明知道他听不进去，怎么不换个时间说呢？"父母很无奈："他任何时间都是这样，怎么换时间？"我答道："那就等他想清楚，愿意谈的时候再谈？"父母更是慌了神："你不催着他，他肯定一辈子都想不清楚。"我继续鼓励："你可以试试看嘛，不用很长时间，一天也行。"父母半信半疑。

几天之后，妈妈给我发消息，说一整天除了叫吃饭，不再理孩子，只是告诉他："你自己想清楚你到底想怎么选择。"没想到下午五点多的时候孩子就主动打电话给她，问妈妈今天怎么不理他。趁着这机会，妈妈终于能静下心来语重心长地跟孩子谈内心的想法，也听孩子说他的想法。妈妈说了自己的为难和担忧，表达了上学是父母没办法代替的事情，只能他自己想清楚，自己去面对。孩子很久没有说话，第二天便早早起床，去了学校。

还有一个长期跟孩子玩"捉迷藏"游戏的妈妈，跟我分享了她的一段经历：有一天上学原本应该 6∶30 起床的，孩子自己说再睡会儿，6∶45 再起，爸爸满足了他的要求，但 6∶45 叫他起床时，他依旧不愿起，后来是拉他才起的，刷牙洗脸他慢吞吞，洗漱完又回房呆坐着。劝了好久他才出客厅，妈妈拉着他到车库，整个过程孩子都故意做出一副目光呆滞的样子。妈妈开车，孩子本来应该坐后排，结果孩子只是把书包扔上车，自己却没有上车。妈妈当时没注意到，结果车开出小区才发现孩子没有上车。回到家，却发现孩子跟没事人一样在吃爷爷煮的面条，妈妈刚要发作，想了一下，还是克制住，平静了十来分钟。见孩子已回房间，妈妈便进去平静地对他说："你总是这样不上学，我很担心，也很为难，因为不知道如何向老师请假，如果你确实不想上学，那我只能给你两个选择：①去军训或以劳作为主的全宿学校；②去国学学校接受传统文化教育。总之不能待在家里。"孩子后来选择让妈妈送他去学校，这是一种前所未有的沟通方式，妈妈从未试过如此平心静气地去跟孩子谈话，她没想到孩子会乖乖回学校。当然，她也深知这不是一次一劳永逸的尝试，却给了她巨大的信心。

我发现很多厌学孩子的家长像以上案例一样，包办了很多本应孩子承担的任务，无论是"责任"还是"情绪"，父母总是焦虑担心在孩子前面，孩子不用思考未来，也不用去静心面对自己的情绪，父母的焦虑已经将他们淹没，他们慌不迭地用自己的方式去屏蔽、隔离，父母越侵入，他们越隔离，就像一场拉锯战，彼此都忘记了初衷。

父母总是着急地要方法："我怎样才能搞定孩子？怎样才能刺激他努力？"却很少去想，如何才能让孩子真正有动力去承担属于自己的责任，不是靠激将，不是靠推，不是靠催。事实上，试着放手，让孩子多承担一些，会有奇效。

孩子厌学，为何不向父母求助？

现在的父母都知道培养孩子的自主能力，让他们凡事都自己动手，学会自己解决问题，不要去依赖他人。但与此同时，很多父母都忽视了告诉孩子一个重要的道理——"当你觉得你无法完成一件事时，记得寻求帮助"。

"为何我总是最后一个知道的人？为什么他有事从来不跟我说？他在学校遇到困难为什么不跟我说呢？"

很多家长感到困惑的问题是，自己明明每天陪着孩子，每天照顾他的饮食起居，总是告诉孩子："有什么事一定要告诉父母。"为什么孩子就是不说呢？为什么他们宁愿去跟老师说，跟同学说呢？

我发现，很大一部分孩子，第一次看心理医生是同学或者老师陪着来的，被问到父母知情吗，大部分都是摇头："不想让他们知道。"老师很多时候是最先发现孩子问题的人，家长在接到老师的通知之前对孩子的印象是：一切都很正常啊。

为何孩子不愿向家长求助呢？上不了学，这么大的事，为什么他们不愿意跟父母说呢？

有一类家庭是家庭成员间从来不说心里话，表达内心感受在家庭中会显得很别扭，就像下面这个案例。

女孩大部分时间都是跟妈妈相处，双方情感交流较少，大部分都是聊生活琐事。跟她的沉默内向相反，妈妈却是一个习惯通过说话来缓解自身焦虑的人，话匣子一打开就收不住，不过她从不表达自己的感受，只是一遍又一遍地念叨、重复。孩子休学以来，她总是不停地重复："你这样不行，天天待在家里。你不上学，高中都没毕业，将来能做什么呢？妈妈也不能养你一辈子，你这样继续下去可不行，你要振作一点，多出去走走，人也精神一些……"翻来覆去，都是类似的意思。孩子每次想开口说话，刚说了一句，就被妈妈接过话头"长篇大论"地展开，孩子也就放弃，不再继续说了。

妈妈很困扰："她什么都不跟我说，我也不知道该怎么帮她，我心里急得不得了。"但孩子依然是问什么都嘻嘻哈哈地糊弄过去，不跟她说心里话。

老师在她状态不好的时候曾经多次找她谈话，每次都问她到底遇到了什么事情，心里是什么感受，让她说出来，大家好帮她。她总是大脑一片空白，不知道怎么去说自己的感受，只会简单地回答："好""是"。老师只能阐述一番自己的观点，讲一番道理后作罢。有一次老师着急了，便说："你要别人帮你，拉你一把，你也要首先伸出手来才行啊。"她跟我说的时候，把双手抱在胸前，笑着说："可我是残疾人，没有手，你拉我的头发不行吗？"她当然不是残疾人，我一时没有理解她的意思，便下意识地问了一句："拉头发不痛吗？"她声音沉下来："我不知道该怎么去求助。"

她不知道怎么表达，对方才能理解她内心的感受，让对方的支持给予她安慰，在她跟妈妈的互动中，这个过程总是徒劳的。她总是喜欢在妈妈开车的时候跟她说话，因为妈妈似乎只有在开车的时候才是安静的，其他时候总是不停地说话。开车的人都知道，除非技术无比娴熟，不然有人跟自己说话，一直分心是很危险的事情。所以妈妈每次的回应都是："你说什么？我听不懂，我要开车，你不要烦我。"她于是只能收回想说的话。

她在学校连吃不吃饭这样的小事都要纠结很久。饭堂人很多，要排很久的队，她很怕碰到熟人，因为不知道怎么跟对方打招呼。同学们大部分都是三三两两一起吃饭，她不知道自己该坐在哪里，一个人吃饭又很奇怪。有时候她就挑一个其他人也是一个人吃饭的区域，隔一定距离坐在旁边，看着对方也是一个人吃饭，心里就踏实一些。有时候对方对面突然坐下来一个人，她瞬间就很气馁。

她说她很小就习惯遇到问题自己处理，处理不了的就想办法逃避。所以，当她在学校待不下去时，便想办法逃回家里。起初，并不是因为家里有妈妈陪伴，只是在家里没有在学校的压力，她觉得在家里能够轻松一些。

很多家庭都是如此，看似热热闹闹，永远有说不完的话，然而说的都是日常琐事，都是张家长李家短，家庭成员不习惯说自己的事情，更不习惯表达自身感受。在这样的家庭氛围之下，孩子也没办法开口说自己的感受，"大脑一片空白""什么也说不出来""话到嘴边就是说不出来"，特别是面对父母的时候。很多孩子跟父母一起坐在家庭治疗室里都显得无比紧张，如果不问他们，他们基本不会说话，或者装作若无其事地玩手机，或者抠着沙发，浑身都写着"不自在"三个字。

还有一类是习惯了自己的问题自己解决，从小就被培养成了"万事靠自己"的孩子。

现在的父母都知道培养孩子的自主能力，让他们凡事都自己动手，学会自己解决问题，不要去依赖他人。但与此同时，很多父母都忽视了告诉孩子一个重要的道理——"当你觉得你无法完成一件事时，记得寻求帮助"。

独立固然很重要，但是孩子在独立之前，总是需要很多次的帮助，才能慢慢习得一个技能。不是父母凭空树立一个观念孩子就能做到的。如果孩子从小就羞于求助他人，那么有一天，他们需要面对一个根本无法凭一己之力完成的任务时，就会格外艰难。

不善于求助的孩子，也会为了隐藏自己的弱点而逞强，可是面对难题他们又无法想到解决的方法，从而很可能导致情绪问题，更有甚者，会酿成悲剧。个人的能力永远是有限的，承认人与人之间的能力差异，引导孩子正视自己的优势，也认清自己的不足，这样孩子才能一方面正确认清自己的价值，另一方面虚心学习，让自己的能力得到提升。

求助，其实是善于协调和利用资源的表现。然而，就像看心理医生被看作心理有病一样，很多人在骨子里会看不起向他人求助的人，认为那代表懦弱无能。有困难自己解决，自己扛不住也要扛，这样的"傻瓜"精神好像才是大家更认可的独立自强。然而，在当今社会，分工日益精细，对人的能力要求越来越高，单靠一个人的力量很难完成全部的任务，也无法保证自己永远不会遇到解决不了的困难。不会求助，在这样的情况下可能会把自己逼上绝路。

厌学的孩子中，其实有相当大一部分是处于心理崩溃的边缘的，在这时，若能够去求助，特别是向自己最亲近的父母求助，同时换来父母的支持和理解，这对于他们走出当下的困境将具有不同凡响的意义。

还有一类是家庭成员间的关系不是彼此信任的关系，甚至是相互敌对的关系，全家人都忙着战斗，根本无暇去了解对方内心的真实想法和感受。

我见过一个因为被诊断患糖尿病而完全变成了一个"斗士"，辗转多所学校都无法继续学习的孩子，在他厌学的状况里，令人有种深深的绝望感。

我与这个孩子接触的时间并不长，但印象非常深刻，听介绍的时候以为是一个非常凶恶强壮的孩子，但没想到见到的是一个瘦瘦的，很配合，甚至有点无助的孩子。这个孩子从小父母离异，一直跟着爸爸生活，后来爸爸再婚，继母对他也还算好。爸爸脾气非常不好，动不动就打骂他，从来没有肯定过他，总是说他这不好那不好。生母对他比较好，但生母再婚后只能在假期接他去住一段时间，平时也指望不上。刚开始他并不知道自己的病有多严重，以为只是比较容易低血糖，后来身体症状越来越明显，发作时他连水杯都拿不起来，因此备受打击。他说得很清楚："这种无助、无能的感觉让我无法接受，我恨死这个病了。"要知道，他以前是篮球健将，虽然学习成绩不好，篮球却一直是他的精神寄托，他长得不高，但体力不错，技术也好，经常在篮球场上收获掌声和喝彩。身体患病以后，他不甘心，还是想方设法继续去打球，但是经常跑几圈就精疲力竭，同学们知道他的情况后，也基本不再主动找他打球。

有时候同学只是无心的一句话，他就能火冒三丈，跟对方直接打起来。他在每所学校都待不长，几乎都是这样的原因。

治疗的巨大花费也让他心有不安，爸爸天天念叨因为这个病花了这么多钱，以后都要一直用钱，他还不争气，还到处惹事。他的糖尿病是比较严重的，无法靠吃药抑制症状，需要每天打胰岛素。后来爸爸咬咬牙花了 6 万元买了一个可以随身带着的机器，不用每天打针，但要带着留置针头。他带着这个针头去上学，同学都小心翼翼地，生怕碰到他的针头。打球的时候更加明显，老远见他过来，同学就让开，生怕撞到他，每当这个时候，他就很想拔下针头，干脆放弃治疗。

有一天他跟爸爸吵架，一气之下就将那个 6 万元的仪器砸了。爸爸气得脸都绿了。他说，当时是因为跟爸爸吵起来，爸爸动手打他，他想还手的时候低血糖，没有力气，瞬间觉得非常绝望。等状态稍微好一点，有一点力气的时候，他就站起来砸了机器："还不了手，只能选择砸掉机器来报复爸爸了。"他的理由似乎也挺充分的。不知情的人，绝对想象不到这是父子之间的互动和对话。

他很反感爸爸总是将自己的糗事告诉其他人，他在学校打架告诉其他人，他生病也告诉其他人，他只要稍微做得有一点不好，爸爸就会说得很夸张，跟别人说他不吃饭、不吃药，等等，他很讨厌爸爸这样。他每次在学校闯了祸，爸爸就给他换学校，不问他的想法，也不了解他在学校打架的原因，直接帮他找新学校。他说："我其实挺喜欢学校的同学，不想频繁地换学校。"只是爸爸似乎并不在意他的想法。

在重重的打击之下，这个极度无助的孩子，以完全相反的暴力攻击的方式来掩饰自己内心的恐惧、无助。遗憾的是，爸爸并没有看到这些，他只看到了孩子攻击的一面，并且采用以暴制暴的方式，导致双方的矛盾愈演愈烈。

　　做厌学孩子的工作，我会常常采用家庭治疗的方式。建立家庭面对困难的同盟，是优先于说服孩子回校上学的。厌学不是一个品德问题、意识问题，而是一个坎，一个难关，一个需要家庭共同面对的难题。只有家庭关系朝着互信的方向前进，孩子能当着父母的面说出自己的压力和困难，才是解决问题的关键。

　　还是那句话，厌学，看似只跟上学有关，实则是很多问题的集中反映。不是孩子能回到学校就万事大吉，也不是这所学校读不下去，转到另一所学校就一劳永逸。让孩子告诉你他背后的恐惧和无助，比解决问题更有意义。

孩子真的接受他必须上学吗？

男孩上初二时因为分班到陌生的班级后适应不了，第一天上学在无比紧张的情况下勉强度过，第二天被父母架上车送去学校，在车上的时候男孩就开始手脚发抖，父母想尽了各种办法，依然没办法把他送进学校。回家之后，男孩便开始没日没夜地打游戏，不说话，甚至几乎不吃饭。父母骂也骂了，哄也哄了，都无济于事。找到我的时候，孩子不仅上不了学，情绪也有很大的问题，对父母也有明显的敌对情绪，认为父母是在逼自己上学，根本不了解自己，而父母把一切的问题都归结到游戏上，双方根本没办法沟通。

我们在这里不只是谈上学的问题，更是希望讨论孩子在自己必须承担的责任方面，是否全心接受这是自己必须面对的问题，不逃避、不幻想有人为自己善后。

这里我有两个状况相反的案例，它们让我思考良多。

两个孩子，男孩上初中，女孩上高中，两个孩子都有一些社交恐惧症，在回校之前都同样忐忑，在第一周回校的时候都困难重重，好不容易熬完第一天，之后都想尽办法耍赖，找各种借口想请假回家。

然而，他们上学一个月之后的适应状态却截然不同。

男孩上初二时因为分班到陌生的班级后适应不了，第一天上学在无比紧张的情况下勉强度过，第二天被父母架上车送去学校，在车上的时候男孩就开始手脚发抖，父母想尽了各种办法，依然没办法把他送进学校。回家之后，男孩便开始没日没夜地打游戏，不说话，甚至几乎不吃饭。父母骂也骂了，哄也哄了，都无济于事。找到我的时候，孩子不仅上不了学，情绪也有很大的问题，对父母也有明显的敌对情绪，认为父母是在逼自己上学，根本不了解自己，而父母把一切的问题都归结到游戏上，双方根本没办法沟通。

第一次见我的时候，孩子异常紧张，背挺得直直的，一问一答，只有谈到游戏，他神情才放松下来，侃侃而谈地跟我介绍自己喜欢的游戏。我问他："你打游戏很厉害吗？"他没有正面回答我的问题，而是问我："老师，你觉得打游戏是不务正业吗？"我没有直接回答他的问题，只是跟他讲了我听过的别的小朋友告诉我的关于游戏带给他们的感受和意义，有的孩子是将游戏当作宣泄情绪的途径，只有打游戏的时候才可以什么都不想，甚至感受到快乐；有的孩子是觉得在网络世界里自己可以放得开，能够自在地跟别人交流，还有人真的认识了游戏里的好朋友；

有的孩子纯粹是为了逃避,躲进游戏的世界里,像"鸵鸟"一样,不肯面对现实。这个孩子加入了多个游戏群,但基本不说话,只是静静地看着大家聊天,这样他觉得很热闹,没那么孤单。

这个孩子和家长都非常配合,前后大约有一年的时间都有规律地来咨询,很少请假,基本不迟到。一开始孩子除了提要求基本不说话,妈妈一说起他便忍不住流眼泪,爸爸总是不住地叹气,后来一家人可以坐下来好好谈话。爸爸的工作很轻松,因此,有时也会玩游戏,他很坦诚地说:"我并不是说完全反对他玩游戏,我们只是担心他会没办法控制时间,为了玩游戏不去上学。"然而,父母完全不知道他无法继续上学的原因是人际交往方面遇到了较大的难题,之前家人怎么问他都不肯说。他坚持:"反正他们都不相信我,也不会帮我,说了也没用。"跟进了几个月之后,我问他:"你现在相信父母是真心想帮你吗?"他看了看父母,点了点头,没有说话。妈妈的眼泪已经流下来了。

我眼看着他慢慢放开自己,自信心也渐渐增加,从之前大部分是我来找话题,到后面每次他都有很多希望跟我分享的内容,也会把一些新买的特别的键盘、耳机、钥匙扣带过来给我看。上学也由原来的不能谈、不想谈,到后面可以坦然地跟我说上学的压力和担忧,并一起讨论解决方法。

新学期开学,在做了充分的准备之后,上学前一天他来见我,坦诚地说:"我心里还是莫名地有点慌。"我问他:"那是一种怎样的情绪呢?"他想了想说:"想到上学还是有压力,好像有点害怕。"我没有再做更多的鼓励,休学一年之后再回到学校,紧张和压力都是正常的,除了鼓励他表达之外,更多地需要他自己去接纳情绪,面对困难。

开学当天,妈妈从早上他开始上学,到晚上他放学,几乎是实时跟我汇报他的情况:"早上准时起床,顺利去上学了。""没有打电话给我们,不知道在学校情况怎么样。""我们很希望他能坚持上下去。""他快要放学了，我们该怎么跟他说，说点什么好呢？""你能教教我怎么鼓励他、赞扬他坚持上学了吗？"我被妈妈弄得也有些紧张起来。很遗憾，孩子放学回来，第一件事就是跟妈妈说："我明天想请假。"接着又回房间玩游戏了，仿佛什么都没发生过。妈妈情绪几近崩溃，夫妻俩在家里急得团团转，不能骂，不能说，又担心他请假之后又不去上学了。家里的气氛仿佛要凝固一般。

第二天他不起床，没有上学，妈妈联系我，希望马上给他安排咨询，我没有答应，我鼓励父母自己去跟孩子谈，跟孩子表达他们的感受。我提示爸爸妈妈，他没有说他不上学，而且上学第一周原本就是最困难的，需要做好心理准备。夫妻俩讨论了无数次，商量了各种方案，预演了各种突发情况，才终于鼓起勇气去找孩子谈。具体谈论的内容我并不清楚，重要的是，这次谈话非常有用，孩子第二天就去上学了，并且坚持上完了那一周的课。然而，事情并不是一帆风顺的，一波三折才是常态。过了一个周末后，再上学的时候，他再次耍赖："不想去。"妈妈再次崩溃，强忍住情绪，静静等待。好在，第二天孩子还是上学了。

接着，他过来见我，告诉我他遇到的困难：第一，没有交到朋友，虽然同学都很热情，但是除了简单的交流，他不知道该如何和同学继续互动，所以大部分时间仍是独来独往。第二，最大的困扰来自他的特殊习惯——一年四季，无论多冷，都只穿凉鞋。在学校里，这无疑是一种另类，常会有同学指指点点，好奇又嘲讽。第三，每当周一返校的时候，他心理上就莫名地抗拒，不想去，想逃避。第四，因为休学太久，学习进度跟不上也是问题之一。这一次，我认真地反馈了他做得好的地方，给予他最大限度的鼓励，并且跟他讨论解决方案，建议他可以跟爸爸妈妈说，家人一起想办法。

开学一个多月之后，他已经基本可以正常去学校，紧张还是有，而且为了不被别人取笑鞋子的问题，他几乎不出教室门，为了不上厕所，他在学校基本不喝水。可能有人会认为这样的方式很不健康，但在我看来，这也是他自己想到的应对方式，在没有更好的方式替代之前，也是他自己在积极尝试。我最感动的地方是，他告诉我："虽然还是紧张，但已经比之前好多了，在我可以忍受的范围。"而后，开心地跟我说："周末有几个同学要来我家，不过他们只是路过。"当天晚上，我看到妈妈发过来一大桌丰盛饭菜的照片，不知道的还以为是过年的团圆饭，配文是"哥哥的朋友来家里吃饭"（注：因为家里还有一个妹妹，所以妈妈习惯叫男孩"哥哥"）。一个母亲的欣慰和自豪在字里行间表现得淋漓尽致。

咱们再说说那个上高中的女孩。

这是一个在上高二的女孩，在高二上学期时因为班级人际关系问题，几个好朋友都莫名其妙地疏远她，在学校形单影只的日子让她情绪出现问题，成绩一落千丈，自信心受到很大打击，渐渐无心学习。她每天准时出现在教室里，发呆或者干脆睡觉，基本没有听过课。时间长了，老师也渐渐放弃了她，只要她不影响课堂纪律几乎不管她。一次上课，新来的政治老师不清楚情况，见她心不在焉，连连打瞌睡，便让她站起来，反复叫了好几声名字，她都装没听到。她后来跟我说："不知道什么原因，我当时就是不想站起来。"老师直接走下讲台，提着她的衣领，把她一把拉起来，当着全班同学的面，劈头盖脸地骂了她一顿，她强忍着眼泪，跑出教室。她坐在走廊上哭了整整一个小时，无论谁劝都不肯回教室，老师没办法，只能通知家长来接回家。此后，她说什么都不愿再回校上学。妈妈失望地把她接回家，她基本闭门不出，每天沉浸在手机中，用刷屏打发时间，日夜颠倒的作息导致她脸色苍白。

她第一次见我，便怯生生地说："我怕我说不好。"相比于她的沉默寡言，说话小心翼翼，妈妈却是一开口就停不下来。当然，焦虑的妈妈说得更多的还是孩子的不好："天天不出门，就在家里躺着玩手机，这样下去怎么行？家务也不帮忙做，别人的孩子都很懂得感恩，我的孩子就只会考虑自己……""你这样下去怎么得了，我在家待一天就受不了，你天天都待在家，人没病也会待出病来的。你还这么小，不上学怎么办？生活很不容易的，你没有学历，以后能干什么？"如果不打断，妈妈能连续说一个小时不停歇。在这样的数落之下，女孩的头一直往下低，一言不发。妈妈会想尽办法带她出去，跟妈妈的朋友一起吃饭，可孩子总是沉着脸，基本不说话，妈妈更加不满意，认为她没有礼貌，不尊重妈妈的朋友。

　　跟很多不太擅长人际交往的孩子一样，每次见我，她最担心的就是"不知道说什么""怕回答得不好"。为了打消她的顾虑，我每次都会尽可能跟她解释，鼓励她想到的都可以说。她说的时候我一般都静静地听，不时点头，鼓励她多说一些。渐渐地，我便发现她其实有很多话想说，在说话的过程中，她的表现会更自信，而且她自己能够总结和思考。她很在意我对她的看法，因此，我会尽可能真实地多给她肯定的回应，鼓励她去尝试不敢尝试的事情。

　　休学期间她能在假期主动约以前的好朋友出去玩，回来跟我分享一起去看电影或者逛街的经历，很开心。同学开学之后，她又恢复到宅在家里的生活，每天吃两顿饭，情绪也低落下去。后来，她尝试自己做喜欢的明星的"娃娃"，她说："因为之前想去看她的演唱会，结果犹豫了很久，还是没去，一直很遗憾。"她最大的乐趣是买明星周边，当然也因此经常被妈妈吐槽，抱怨说花钱太多。她便想到做明星的"娃娃"来卖，把花的钱再赚回来。出图、打样、审核，接着联系工厂生产，谈价格，评估成品质量，出了样板之后她便开始在网上预售，想办法收定金回收成本。一直害羞被动的她，可以主动加很多陌生人，向他们推销，并且成效不错，第一批成品很快被预订一空。那段时间，每次来见我她说话的声音轻快而愉悦，语气中洋溢着满满的成就感，仿佛自己赚到了人生的第一桶金一般。我也被她的笑容和成就感感染着，替她高兴。她需要看到自己的能力，看到自己的价值。

新学期开学，她主动提出回校，回校之前自信满满，异常淡定。我们约定，开学一周以后回来跟我分享在学校发生的有意义的事情。她满怀期待地憧憬："我首先想交几个好朋友，希望新班级的同学友好一些。"

第一周，她请了两次假，勉强坚持上完。

以前，她每次提到想请假，妈妈都会不断叹气，焦虑异常，不断在家里走来走去。这一周，她心里会经常冒出想休学的念头，但从不敢说出口，怕妈妈会崩溃。另一方面是因为这次复学，她转读国际班，学费差不多花了近十万元，不继续读下去自己心里过意不去。我问她："除此之外呢？比如说，为了你自己的原因。"她想了想，摇摇头："我自己读不读书无所谓。"接着又不好意思地笑笑，说："我现在最大的愿望就是可以回家啃老，能啃多久啃多久。"这个说法让我很意外，在复学前，这个女孩曾信誓旦旦地跟我说："我想考韩国的大学，以后可以做一份体面一点的工作，成为一个有想法的人。不要像我妈妈一样，只要不工作就是躺在沙发上看电视剧，一点追求都没有。"她的变化如此之快，让我有些始料未及。

我知道她在学校遇到了一些困难，因为是插班生，很难交到朋友，基本上都是独来独往。她中午不吃饭，第一时间跑回宿舍，拿着手机打发时间是她最开心的时刻。她课程跟不上，不想学，外语也比不上其他同学，单词头一天背，第二天就忘了。于是我问她："想过怎么改变学习状况吗？"她很自然地回答："回家呀。"我愣了一下，有些哭笑不得，就问她："改变在学校的状况的方法是回家？"她自己也笑起来，接着不好意思地说："我没审好题。"我心里清楚，她的自动化反应不是简单的没听清我的话那么简单，这是她习惯的应答，是潜意识中的选择。因此，在学校，有人叫她一起吃饭，她会回答："我不想吃。"因为觉得三个同学一起吃饭比较尴尬。她很想交朋友，但坚定地相信："班上的同学都是配好对的，都已经有自己的好朋友了，我加入太奇怪了。"作业只要稍微需要动脑的她都不做，因为刚进入班级，很多登记册都还没有她的名字，她可以混过去。我问她："不在登记册上的感觉好吗？"她满不在乎地答："挺好的呀，很多事情都可以不做。"沉默了一下，接了一句："但有时候也会觉得好像是班级里多余的一样。"她还没有准备好融入班级，她只是每天准时出现在教室里，像完成任务一般。完成任务给谁看呢？给妈妈看，给老师看。

每周回校的前一两天，她的情绪会非常低落，很容易掉眼泪，觉得自己非常孤单，之后的三四天情绪会平稳下来，能勉强度过这一周。周末是完全解放，只要一回到家，她的所有不良情绪会一扫而空，人会彻底放松下来。因此，她总是想尽办法让妈妈帮忙请假，她想回家，就不断跟妈妈说在学校有多难受，有时妈妈心软就接她回家，回家之后再教育她一番，但她哪里听得进去。她认为只要能回家，挨多少骂都值得。她将所有心思和精力都用在"逃回家"上面，没有想过如何应对在学校遇到的困难。

她并没有从心底里接受自己必须上学。准确一点说，她只是理智上知道自己应该上学，但是情感上始终存在幻想，始终在等待着妈妈有一天会接自己回家，再次让自己休学，或者干脆不用上学。

为何两个孩子会有如此大的差异？我们总认为孩子天然地知道上学是他们必须要做的事情，实际并非如此。理智上知道与发自内心地接受是两回事。

父母在道理上教育孩子上学是自己的事，却总是忍不住帮孩子承担责任，比孩子还焦虑，时时刻刻跑在孩子前面。于是，上学成了父母的事，父母只要点头，孩子便可以立刻回家。

把孩子的责任还给孩子，父母淡定一点，往后退一点，让孩子去面对现实，承担自己的责任，是否也是可以尝试的方式呢？

幻想的世界已足够好，为何还要上学？

在学业上受挫的孩子，往往会退回到幻想世界里寻求安慰，在那里自己高人一等，能轻松应对所有的事情，在某一方面具有异于常人的能力，以此自得其乐，并难以自拔。在那里没有应付不了的学习压力，没有处理不好的人际关系，没有辜负父母期望的愧疚，那是个完美世界。

是否存在这样一个世界——没有伤害，没有挫折，没有压力，只有无尽的鲜花和掌声，以及能力超群的自己？

有，幻想中的世界。而很多厌学的孩子就是找到了这样一个世界，并且欲罢不能。

我接待过一个上初二的厌学男孩，长得很高大，外表看起来会以为他已经成年。他对自己的电脑看得好似比自己的生命还重：只要有人碰他的电脑他就会发脾气，用手打自己，并用头撞墙。对新买的手机、电脑永远不满意，他有各种各样不满意的理由：螺丝松动、指纹识别不好、结构不完美，等等，总之无论如何都差一台令他满意的电脑。在见我之前的 3 个月，他前后要求父母帮他买了 4 部手机、3 台电脑，但他还是不满足，仍然继续要求买新的，父母只要说个"不"字或者讲一下道理，他就摔东西，撞墙，大发雷霆。父母都是工薪阶层，对于他的要求苦不堪言，但又不得不照做，"他发起脾气来好像要吃人一样"，父母如是说。

他对家里人强烈不满，控诉他们认为自己不愿上学是因为想玩游戏，还找其他家族长辈来教育自己，而自己辩论不过，所以才情绪激动，冲动发火的。他说："我不愿意完全按照父母的期望按部就班地过完这一生，那样我不会快乐，就算挣再多钱也没有意义。"他说以前希望做一名软件工程师，开发游戏。现在这条路不太现实，学习对他来说太难了，他冥思苦想了很久，终于找到了出路——做游戏主播。

他每一次见我都滔滔不绝地跟我谈关于游戏，关于游戏主播的话题，有时一谈就两个小时，完全不觉得累。他对其中一个游戏主播非常崇拜和信任，说自己将来就要成为像他那样的人，他教会自己很多东西。那个主播也很上进，会跟喜欢看他直播的粉丝分享他的人生经历。这些对他都很有激励，并不是像父母以为的那样，把他教坏了。

他想配置一台所有功能都是顶级的电脑，但花费非常大，父母无力负担，便觉得他有问题，让他调整，让他振作。他很无奈地说："我觉得他们才有问题。"我问他："你觉得父母有什么问题呢？"他很气愤："他们自己没有能力，不舍得花钱，只会把问题推到我身上。我的人生我要自己做主。"很明显，他的话语中有矛盾的部分，一边反复强调自己要走自己的路，认定父母是在干涉自己，阻碍自己；转头又愤怒于家人不支持自己，不为自己未来的理想铺路。矛盾纠结，把他团团困住。

偶尔，他也会很低沉地说他之前非常自卑，特别是学习成绩不断下降，自己又没办法跟同学好好相处，信心受到很大打击。而游戏就是他找到的最大的支撑，也让自己渐渐恢复了信心。其实，他打游戏的天赋着实一般，并无特别出众之处，只是打的时间相对较多，所以在同伴中技术相对较好。加上他的年龄没有到职业电竞人员的最佳年龄，基本是没有希望走职业电竞的道路的。他又跟我解释说，做主播不一定要打游戏很厉害，性格幽默也可以，能开玩笑逗大家开心也是一种特点，只要有人关注，看他录的视频，他就能有收入。他认为要能够做这样的职业，必须要有好的设备，设备好，运行速度快，才能带动大型游戏，打起来也才有手感。他认为自己每一次换电脑都是有原因的，都是之前的电脑不好用，或者设备不是最新的，才会想换，家人一直不理解他，不支持他，只会让他要上进，要努力，所以他才会那么生气。

听他说着，倒也有些"头头是道"的味道。

他有个姐姐，在父母百般努力督促之下，依然没有考上大学，于是家人将希望全都寄托在他的身上，他压力非常大。父母生他时年龄较大，再加上家族中其他成员身体都不太好，父母对他非常保护，他从小到大基本都不被准许独自出门，放学必须准时回家，同学聚会爸爸都要跟去，住校必须每天定时打电话报平安。同学经常因此嘲笑他，说他长不大，很幼稚，去哪还要像小屁孩一样跟在父母后面，这让他很自卑。同时，父母喜欢什么事都帮他做好，再加上有个姐姐，家里基本没有他说话的份，也没有他证明自己能力的机会。小学的时候他成绩还不错，上了初中之后课程越来越难，慢慢地他就觉得学习非常吃力。

后来，父母给他换了学校，转校之后他仍然难以适应，觉得新学校的学生没有原来的学校素质高，老师教得也不好，他总是感觉困倦，学习效率不高，他坚信在学校是浪费自己的时间，自己应该去做更值得做、更有意义的事情。后来他干脆退学，更坚定了自己的目标——打游戏、当主播。然而，他除了要求父母换顶级设备，并没有实际性的行动去提升自己的能力，总是幻想着自己有了最好的设备，自然也就拥有了最强的"电竞"技艺，或者即使没有顶级的能力，一旦某一天有人发现自己，他也会一炮而红，震惊世人。

这个美好的幻想世界，让他欲罢不能。

另一个孩子则是一直在抢占思维的高地。

每一次跟他谈话，我都要打起十二分精神，头天晚上若是稍微没休息好，听着他谈论的内容，绕来绕去的言辞，我的眼皮就会开始打架，根本无法跟上他的思路。我总是在想："这些已经说过了呀，能谈些其他的吗？能谈些现实的东西吗？"他却不厌其烦，生怕我不明白似的，尽最大的可能反复解释。为了让我明白，他总是喜欢在沙盘里的沙子上画圈，画一个圈代表自己，画一个圈代表同学，画一个圈代表家人，接着便在圈与圈之间来回不停地画，又在其中一个圈上点一个点，代表很重要的位置，画来画去，点来点去，我的头很快便晕乎了，完全不知道他到底要表达什么。我一直被他带着在思维的世界里兜圈，不知道到底何时才能落地。每次我尝试谈论了解一下他现实的生活，他只做简单回答之后便想办法绕回思维的话题："那些现实的生活不重要，我就想有人理解我的思想。"无奈，我只能作罢。

有一次他跟我谈到一个选择的话题，说得神乎其神。他告诉我："有一个选择，我想了很久都想不出答案，老师你能帮我想一想吗？"我瞬间来了兴致，这似乎是一个要跟现实接轨的信号。于是我问他："是什么选择呢？"他认真地回答："我也不知道是什么，我只是感觉有这样一个选择。"我张大了嘴巴，又立刻合上，心中瞬间涌过无数的情绪，定了定神，我才想到词句来回答他的话："假设是一道选择题，你不知道题目是什么，却要想办法知道答案？"他微笑着点点头，肯定了我的总结。"这可能吗？"我极力保持语气的中立和尊重，他倒很坦然："我知道这很难，但是我觉得这个过程意义重大。"接着他补充说明了意义重大的程度："至少是能得个诺贝尔奖的程度。所以我觉得值得花时间去想这件事，而且我有一种预感，只有我能想出来答案。"我无意泼他冷水，确实，这个无中生有的题目和答案，肯定只有他能想到。

经历了很长时间的博弈，他终于能够慢慢谈一些现实中的事情。有一段时间他想学画画，便在网上报了班，每天跟着老师的进度学习，学了一个月之后，便没办法继续坚持，他认为学基础太枯燥，他还是喜欢自己想画什么就画什么，于是他便自由创作。一段时间之后，他觉得进步不大，便慢慢不再画了。虽然是一次不算成功的尝试，但是在他许久只靠玩手机打发时间的"养病"阶段里，已经算是弥足珍贵了。他跟我说起这个阶段的尝试，坦言道："好像我就是这样，想得很美好，目标也定得很高，但是行动不起来，好不容易行动起来了又很容易放弃。"他跟我谈他理想中的自己："肯定要各方面都很好。学习成绩要好，体育要好，还能保护好家人，帮助家人。最好还要有一两个特长，我觉得那样的自己我才能接受。"我试探着问："那是一个很高的目标，如果做不到呢？"他想了想："那我宁愿什么都不去做。"

新学期开学，他通情达理地去了学校。再见他已经是开学一个月之后。他主动提出有想法要跟我说，我怀着忐忑的心情开始听他讲述。他谈到自己在学校遇到的困难：学校规定的学习时间很长，每天晚自习要上到晚上十点多，周六还要求学生回校自习，老师总是拖堂，占用大家的休息时间。接着，他做了一番评论，并给出了自己的应对方式："学校这样的疲劳战的学习方式很不适合我，我无法集中注意力学习，所以大部分上课的时间我都在睡觉。"说完他又立刻补充："但是我莫名地相信，只要我认真学，所有科目都是很简单的。"又说道："跟那么多同龄人在教室里我无法集中注意力学习，有几次晚自习我一个人在走廊学习，效率非常高，很快就把题目都弄懂了。"接着，他给了一个自己具有过人天赋的证明："这次月考，我基本都没复习，平时也没听课。考前实在太无聊，我就看了看地理，地理就考了 80 分。"我感慨："那很不错啊。"他害羞地笑："我就是为了向你证明我很厉害。"

他跟同学相处也遇到一些困难，在班级中拘谨而不自在，而且不习惯主动去找同学。"以前都是同学主动来找我的，我很容易交到朋友。当然，以前我在班级里很活泼。"

之后，他说出了自己的想法："我觉得现在这个学校的环境不适合我学习，我想转学，转到更人性化一点、学习压力没那么大的学校，我肯定能学得很好，我不能埋没了自己的天赋。"我没有马上回应他的想法，便说："这是我第一次听你坦诚地说自己的困难，这很不容易。"

每个孩子都会有一个充满幻想的阶段，一般是在 4 ~ 9 岁，他们对世界充满幻想，对自身的能力"迷之自信"，男孩子坚信自己是英雄人物，女孩子会认为自己是小公主，他们对此深信不疑。从装扮到言行举止，他们都力求跟幻想中的人物同步，以此来满足内心的自恋。随着年龄的增长，随着不断经受现实的检验，孩子们不断修正自己的幻想，逐步与现实接轨，并慢慢接受自己真实的样子。

也有一些孩子，一直停留在幻想的世界里，一直拒绝去看现实世界的样子，他们在幻想的世界里获得成就感或者满足感，认为自己无所不能，以此维持自己每天看似正常的生活。当然，更常见的是遇到重大的挫折和打击之后，因为害怕面对而产生自我保护式的"退行"，也就是说一个原本已经十几岁的孩子，退回到自己几岁时的状态，相信幻想中的一切，拒绝接触真实的世界。

在学业上受挫的孩子，往往会退回到幻想世界里寻求安慰，在那里自己高人一等，能轻松应对所有的事情，在某一方面具有异于常人的能力，以此自得其乐，并难以自拔。在那里没有应付不了的学习压力，没有处理不好的人际关系，没有辜负父母期望的愧疚，那是个完美世界。

要想把这些孩子从幻想世界拉出来，并不容易。虚幻的世界能满足他们的内心需要，现实世界对他们而言，残酷而冰冷。然而，这是一种幼稚的防御方式，沉浸在这样的世界里越久，面对现实世界就越难。强化他们在现实世界的能力是关键步骤。遗憾的是，大部分这类孩子的父母都是"打压型"或是"过度保护型"的，看不到孩子身上的优势，总是对孩子不信任、不放心。"你整天除了空想还能做什么？"这是他们经常挂在嘴边的话，奇怪的是，越是如此说，孩子越是空想，由此恶性循环。

父母是无法将孩子从他们幻想的世界里硬"拉"出来的，除非他们自己有勇气、有力量往现实世界走，而父母的鼓励和信任，会是他们的动力和力量源泉。

故事 13

能将压力转化为动力吗？

对于压力，我们最熟悉的一句话是什么？"有压力才有动力。"特别是对待孩子，这样的话说起来则会更加自然和笃定："我知道你有压力，有压力才有动力呀。""学习肯定有压力，学习跟不上也肯定有压力，所以你更要努力啊。"更有甚者，直接以家长的角度来看待孩子的压力，带着嘲讽和不屑的口气说："你们学习的那点压力算什么？等你走入社会，才知道压力有多大，竞争有多残酷……"

无视、不接纳、一厢情愿地"美化"压力，是我们最常使用的方式。

这个孩子开始跟我说话时，满脸笑容，手舞足蹈，好像不是在讲话，更像是声情并茂地表演，完全看不出一点情绪问题。然而，她谈论的内容却与表情完全不相符，她带着笑谈论她的痛苦，让我有些毛骨悚然。

她跟我讲述：她小学一到三年级成绩都很好，上四年级之后，数学开始跟不上，新换的数学老师教学很严格，动不动就罚学生抄习题，会将做得不好的作业直接丢在地上，甚至撕碎扔进垃圾桶，她没办法，开始抄作业。成绩渐渐跟不上之后，她开始失眠，有时整晚睡不着，靠玩手机打发时间，从四年级开始一直到六年级，渐渐对学习有些放弃的态度，觉得自己反正学不好，还不如好好放松一下。我问她："你失眠那么久，没想过跟你父母说吗？失眠是件很痛苦的事。"她绘声绘色地学着父母的口气，向我描述他们可能会这么回应她："谁让你总玩手机的？天天玩手机，能睡着才怪！"在父母的观念里，小孩子是不可能失眠的，除非自己不愿意睡，浪费时间来玩手机。对于成绩不断地下降，父母也理所当然地将全部罪责都归结于手机："你天天看手机，玩得那么兴奋，能睡着吗？"父母偶尔想到会不会是孩子压力太大了，但是会立刻鼓励孩子："我们知道你压力大，压力大所以你更要努力呀！不要想那么多。"

她当时面临的压力究竟有多大呢？

我问她："没想过跟你家人解释一下你当时的处境吗？"她摇摇头说："不想让我妈妈担心。"于是，她讲起她家里的故事。一家人租住在一个小单间里。妈妈虽然是家庭主妇，却很要强，凡事要做到最好，事事追求完美，家里总是被收拾的一尘不染。当然，妈妈对孩子的要求也非常高，家里总是充斥着妈妈的抱怨声："没用的东西不能丢进垃圾桶吗?""房间不能收拾一下吗?"女孩成为最体谅妈妈的人。为了不让家人担心,女孩在家都是一副没心没肺的样子,表情夸张,说话都是连说带演的,爸妈习惯了她的样子,坚信她是不可能心情不好的,更不可能有情绪问题。也就是说,她在家里是戴着"乐天派"的面具生活的。

她上四年级之后,学习任务增加,特别是数学,她上课开始听不懂,作业不会做。要知道,这个孩子在一到三年级成绩一直很好。一到三年级的时候,学习的是较为基础的知识,大部分可以依靠记忆来应付,这对较多智力一般的学生来讲,是能够通过努力或者多花时间弥补,保持学习优势的阶段。随着基础教育难度逐年增加,从四年级开始,单靠勤奋积累的优势渐渐式微,特别是对于数学这种更注重理解的学科,困难便逐渐凸显了。无法适应的心理落差,依靠自己的能力和方法无法提升的学习成绩,引发了她巨大的无助和焦虑。

女孩的同学关系也有了明显的变化,三年级之前大家都是同样的单纯、懵懂,四年级的同学喜欢的东西跟她有了较大的不同。成绩不好的同学渐渐接受了自己的现状;成绩好的同学明确了自己的目标,埋头学习。不幸的是,她恰好是属于成绩不好,但又有所追求的学生。在班级中,她突然没有了自己的位置,小学前三年,她独来独往了三年,她不敢主动跟同学接触,担心对方不喜欢自己。这个表面大大咧咧的女孩,在学校是紧紧地收着自己的,生怕一不小心,就被全班同学讨厌、针对,连独来独往的资格都丧失掉。多重压力之下,四年级时她开始失眠,整晚整晚睡不着。但她什么都没说,完全靠自己独立应对。

应对不了怎么办?逃。

手机就成了天然的逃避阵地,但也因此带来了新一轮的压力——家人的不理解和责骂。表面看起来大大咧咧、没心没肺的孩子在这种时候会更吃亏,家长会误以为跟她说什么都可以,她承受能力超强,刚被骂完又嬉皮笑脸得像没事人一样。手机这个吸引眼球、公认会上瘾、会让孩子无法自拔的东西，孩子光明正大地拿着不离手，不是自暴自弃是什么？必须及时纠正！加上妈妈习惯性的抱怨，她在家里变成了众矢之的。她由以前懂事、乖巧、会为大人分忧的孩子，变成了天天被骂，所有人都看不顺眼的孩子。她将自己关在房间，拒绝所有的人际互动。

父母坚持有压力更要应对，怕人更要与人接触，不断督促她，特别是见到她手上拿着手机的时候，更是怒火中烧。她被数落得无地自容简直成了家常便饭。

最后，她终于彻底抑郁了，不断自责，无法上学。

"有压力更要努力，有困难就要面对。这不是最简单的道理吗？为什么你做不到？"有一句话形容这样的论调特别贴切，叫作"站着说话不腰疼"。

我们真的了解压力吗？真的了解孩子的压力来源吗？真的想帮孩子一起去克服吗？或许并没有。

首先，压力并不是在任何时候都能转化成动力的，当然更不是越大越好。心理学家耶克斯、多德森很早就关注到这些现象了。通过一系列的实验观察，他们提出了"耶克斯－多德森定律"来阐释心理压力、工作难度和工作效率之间的关系。他们发现，在完成简单任务时，心理压力越大越认真，工作效率最优。例如，像抄课文这种简单的任务，越认真效率越高，越不容易写错别字。而完成中等难度的任务时，心理压力适中比较好。这样你既不会因为压力太大而慌张，又能保持着一定的专注。至于什么是中等难度，或者怎样区分难度大小，则因人而异，还是看你对自己能力的把握。

在完成困难任务时，其实应该越放松越好。任务太难时已无法把握细节了，只能凭着第一感直接去做。学习算是困难的任务吗？对很多孩子而言，的确如此，比如记忆、思考、练习，都需要在相对放松的状态下进行，强行给自己施加过大的压力，反而会适得其反。

其次，最容易让家长误会的是孩子"故作轻松"。"他哪里像有压力、有烦恼的样子！"这是最容易被误会和冤枉的一群孩子，他们看起来疯疯癫癫、没心没肺，回到家会跟家长开玩笑，像个开心果。他们一到考试就变本加厉地表现自己的无所谓："反正就那样了，复不复习都无所谓。""大不了就不读书，反正我无所谓。"加上他们一有空就手机不离手，所以在父母看来他们是典型的"无可救药"之人。这些孩子出现情绪问题后，父母最大的反应不是担心和自责，而是惊讶："他？怎么可能？你们搞错了吧？"

我们总是以为，孩子都是表里如一的，不可能戴着"面具"示人。然而，很多孩子的"面具"戴得比我们以为的更早、更熟练、更牢固。他们表现得吊儿郎当，对什么都无所谓，是为了掩饰内心真实的焦虑，以及面对压力时的无能为力。强烈的自尊心让他们无法去展示自己的脆弱和压力，当然，他们由此也遭受了更多的指责和谩骂。

切勿以为只有孩子垂头丧气、唉声叹气才是有压力，孩子过度故作轻松，也有压力过大的可能。

最后，孩子告诉父母自己的压力和痛苦，并不是要父母马上帮他们解决，他们更需要的是支持和理解。很多家长习惯性地否定孩子的压力和痛苦，是在潜意识中有这样的顾虑："我也无能为力，我能怎么办呢？"否认，往往是我们面对无法解决的问题时最常用的方式：假装自己看不见，假装问题不存在。"一个小学生有什么压力？""天天就是学习那点事，能有什么问题？"我们害怕孩子有压力，更害怕孩子有情绪问题。孩子的压力、抑郁、情绪问题，对很多家长来说，都是全新的领域，而家长们对不了解的，听起来又不太像是好东西的事情，最容易产生的反应就是将它妖魔化，隔离、拒绝，并安慰自己："这样的事情不可能发生在我的孩子身上。"

可孩子的成长真的会是一帆风顺的吗？现实情况是一帆风顺才是奇

迹，又或者，一帆风顺并不见得是一件好事。

回到前面讨论的话题，当孩子告诉你他有压力的时候，他到底期待的是什么？是你去帮他解决问题，帮他学习，帮他让老师对他不要那么严格吗？这是大多数家长听到孩子"诉苦"的第一反应。然而，这其实低估了孩子自己的心智水平，大部分能表达压力的孩子都清楚地知道，哪些是自己的事，哪些是家长的事。"我当然知道学习是自己的事，只有靠自己去面对。"那问题来了，既然是这样，那么孩子告诉家长自己有压力是为了什么呢？有意义吗？

当然有意义。无论孩子多么叛逆，多么故作不在意，家人都是他们潜意识中觉得最可靠，或者希望最可靠的人。家长们往往忽略了，家庭成员之间除了事实上的支持和帮助，其实还包括情感上的支持。这就像丈夫明明知道妻子不可能帮自己解决工作上的压力，还是要回家跟妻子抱怨自己的上司、抱怨自己工作的辛苦是一样的，只是想寻找情感上的安慰。有了来自亲人和爱人的支持，他们就能够重拾信心，去应对生活的难题。

面对孩子的时候，奇怪的是，这个最简单的理论会自动被家长屏蔽，家长会自动将其识别成："他在期望我帮他解决问题。"不排除有怀着这样的期待的孩子，对大多数孩子而言，他们只是希望得到理解和支持。但家长很快又有新的担忧了："我认同了他的压力，他以此为理由，更加不思进取怎么办？"果然是家长难当，总有数不尽的担忧。在很多家长眼里，认同，代表接受，代表纵容；否认，代表不存在，代表可以糊弄过去。

其实孩子想听到的是："我知道你的压力，我理解，我知道很困难，爸妈也没有经验，但是我们想跟你一起面对，我们一家人一起面对。"

愧疚教育与厌学有关吗？

愧疚可能来自"生命无法承受之爱"：父母爱孩子，做什么事情都是为了孩子，为孩子而活；孩子爱父母，即便在巨大的压力和自责之下，也不得已为父母活，并且努力活成父母期待的样子。

大概没有人会想到，愧疚有时也会跟厌学联系在一起。

"你怎么这么不理解做父母的心？""你怎么这么自私？""你就只想着自己，什么时候想过爸妈？"这些话像无数座大山，压着很多孩子，他们拼命努力，但父母似乎永远不满意。

我见过一个刚上初二，智力相对普通的女孩，她的父母想尽办法把她送进了当地的重点初中，一直希望她考上好的大学。她小学的时候学习成绩还可以，初中后虽然也认真听课，努力学习，但成绩一直没有提高，父母特别是妈妈完全不理解，教训她："肯定是你不认真，认真努力了怎么考得这么差！每天什么都不用干，就让你搞好学习就行，很难吗？你能不能为父母着想一下，我们又不是什么有钱人的家庭，花钱送你进重点初中容易吗？"父母一想起来就数落她一番，她听着，面无表情。

她说："我也觉得自己确实不努力，考前也从来不复习，上课有时候也会走神。"但想一想又补充道："但我上课确实听不懂，无论我怎么努力，好像在成绩上都没有体现。"她说到无论自己怎么做，妈妈都不满意自己，经常在家里数落自己，骂自己懒、不做家务，但妈妈对做家务有个很奇怪的标准，比如自己拖地，妈妈会盯着自己，让自己拖快一点，但是自己很快拖完又会说自己拖那么快，没拖干净。"到底怎么拖地才是正确的呢？"她一直很疑惑。她长时间情绪低落，偶尔会有轻生的念头，不过转念又会想父母照顾自己花了那么多钱，如果自己放弃生命是浪费了他们的钱，但又觉得活着是在拖累父母，心中不知如何是好，进退两难。

我给他们安排家庭治疗，孩子坐下来，几乎不说话，眼泪却像开了闸似的流个不停。这个家庭经济压力很大，爸爸每天都要工作，妈妈身体不好，只能做一些手工贴补家用，他们贷款买了房，买了车，每个月都要还贷款。爸爸回到家要么睡觉，要么玩手机，跟孩子基本没有交流。家里还有一个特别会说好听话，哄妈妈开心的弟弟，明显妈妈更喜欢弟弟一些。妈妈一开口，就习惯性地换上责备的语气说话，说女孩"懒"，不做家务，也不跟父母交流，整天板着脸，好像父母欠她似的。当妈妈再次强调："她都不愿意跟我交流，什么都不跟我说，我怎么知道她在想什么？"语气里都是责备，孩子在旁边低着头，一言不发。我下意识地接了一句："这也是孩子的错吗？"妈妈愣住了，没有接话。孩子此时突然抽泣起来，哭得很委屈，眼泪止不住地掉。妈妈还是很困惑："我对她够好了，生活上照顾得很周到了，自己舍不得吃的都买给她吃，她还是觉得我对她不好。"爸爸大部分时间保持沉默，没有帮女孩说话，只说了一句："她妈妈说的话让我也受不了，所以我回到家都不想说话。"是啊，爸爸不喜欢说可以不说话，可以尽量选择加班，但是孩子不行，她无处可去。孩子对母亲有着天然的忠诚，她会尽最大的努力去让妈妈满意。

孩子有自残的习惯，与大多数孩子自残是为了宣泄情绪不同，她自残的原因比较特别："每到晚上，我一个人待着的时候心情就会特别低落，有一种我欠了别人什么的不安感。"这样的时候，她会不自觉地拿起美工刀或者其他利器，划自己的手臂。"划多少道呢？""划到觉得舒服为止。""要划出血吗？""要，看到血流出来心里才会舒服。""痛吗？""不怎么痛。"做完这些，她会有一种如释重负的解脱感。

这个女孩，很多时候内心会感到委屈、愤怒、绝望及强烈的无助。这些感觉每天消耗着她的心理能量，当面对学习上的困难，加上怎么努力都无法提升成绩时的无助，厌学就成了一个并不意外的结局。

当然，愧疚也可能来自"生命无法承受之爱"。当父母都是为自己活，做什么事情都是为了自己的时候，我们要拿什么来回报这无比沉重的爱呢？

有一个男孩刚上初一，他没有特别激烈的症状表现，整个人就像是一潭死水：做什么都提不起劲，整天无精打采，不愿意说话，不想动。他想到未来便感觉无比悲观，甚至有寻死的想法，但没有实施过，因为坚信死了父母会伤心，这么做对不起父母。有时候他会凭空听到有个声音跟自己说"你没用"，这声音久久挥之不去。

他第一次见我就滔滔不绝地跟我陈述自己拖累父母的种种"罪行"，深信没有自己，父母会过得更好，父母经常因为自己的事情吵架，他们对自己的学习成绩要求很高。他说："我真不想让父母失望，但怎么努力都没有效果。""我真的很不孝，爸妈对我那么好，我却什么都做不好，还让他们伤心。"我问他："你都有什么做得不够好呢？"他想了想，似乎也想不出具体的什么事，便笼统地回应："我就是什么都做不好，全身上下一无是处。"我叹口气，不知道该如何接下去。

他的爸爸比妈妈大 20 岁，是二婚，他还有一个同父异母的姐姐。爸爸家的亲属对妈妈不认可，完全不来往。从他小时候起，父母就经常因为他的教育问题吵架，学习谁来管，要不要上补习班，要不要做家务，甚至该给孩子吃什么，都会成为争吵的焦点。爸爸会对妈妈说："既然我们有代沟，那就你来管！"妈妈便独自垂泪，对孩子说："你要懂事一点，不要让爸爸妈妈这么操心。妈妈只有你这一个儿子。"他很小的时候就坚信：如果没有自己，父母就不会吵架。有很长一段时间他放学之后就去麦当劳做作业，不想回家。他有一个执念：自己不回家，爸妈看不到自己就不会心烦，就不会因为自己吵架，他们就会过得开心一点。

在他的眼中，父母都是为了他在付出，特别是为了自己买房子，因此欠了很多钱，不得不拼命工作，过得很辛苦。他略带沉思地说："他们这些钱都是为我花的，我觉得都不用花，如果没有我，这些钱他们就可以自己花，生活过得会好一点。"

此时，我才知道他从小就学着省钱，早饭都是买最便宜的饭，把钱省下来，过年的时候交给父母，给父母一个惊喜。他一脸满足："他们会很开心，夸我懂事、孝顺。"他生病发烧也不跟家人说，自己忍着照常去上学，不想父母知道了而担心。

又比如，他想拼个乐高放松一下，就让父母买了乐高，结果越拼越紧张，因为担心自己拼不好浪费了父母的钱，总是觉得积木少了一块，怎么拼都拼不好；又觉得自己没有资格玩乐高，根本做不好，还要花家里的钱。本来想放松，结果成了负担。

与班里的同学相处，他总是一边羡慕对方，一边又在心里鄙视对方。比如，有一个孩子家里很有钱，经常穿名牌鞋，也会像其他青春期里想展示自己的孩子一般，没事就特意把腿伸得很长，吸引别人的注意去看他的鞋。男孩一方面很羡慕对方，觉得那脚上的鞋子很炫；另一方面又在心里不屑，认定对方浪费家里的钱，是纨绔子弟。他从上小学开始，就不再让父母花钱给自己买衣服，一年四季都只穿校服。他仿佛超越了外表肤浅的评价标准，将省钱作为自己生活方式的终极标准。他跟同学在一起的时候，会很烦躁，觉得同学整天吵吵嚷嚷，一下课就打打闹闹，而自己下课都在座位上写作业，做练习。他说最希望的就是自己一个人待着。我于是问他："一个人时你想做点什么呢？"他说："我会从教室跑到食堂里，远远地看着我的同学们在那里打闹玩笑，心里很羡慕。我喜欢这样远远看着别人玩的感觉。"

他的内心总认为自己什么都不配拥有，努力做一个旁观者，甚至觉得自己连做旁观者都不配。

父母最大的愿望就是希望他成绩好，排名能进到班级前五，能考上理想的高中。为了实现这个目标，他买了练习册，每天给自己额外布置作业。他天真地想："我一个月比别人多做五本练习册，应该就能进前五了。"其实他离前五的成绩差距大概有 50 分，不可能在短时间内实现突破和超越。并且，因为给自己的压力太大，他上课渐渐无法集中注意力，遇到需要较多思考的题目他都无法像之前一样思考，稍难一点儿的题就做不出来。他心里的无力感再次加重："无论我怎么努力，还是什么都做不好，只会给父母添麻烦。"

　　他说，他经常有轻生的念头，有一次他告诉父母自己的这种想法，爸爸将他骂了一顿说："你怎么会有这样的想法！你还有哪里不满意的？我们对你不好吗？"此后，他再也不跟家人说心里话了。他说自己想考当地的重点高中，但是不敢告诉父母，因为父母知道之后肯定会说："别做梦了，你怎么可能考得上？"他的想法很少得到父母的尊重，差不多都是否定，比如说，他想有自己的空间，让父母不要随便进自己的房间，父母便会一脸不可思议地说："你还这么小，有什么隐私？"

　　一到放假，他便会沉迷于游戏，每天只睡两三个小时，把所有的空闲时间都花在游戏上。他喜欢一款叫《我的世界》的游戏，就是在一个虚拟的空间中，去建自己的房子，建生活的小镇，建自己理想中的世界。他说："我觉得游戏中我建的那个家，比我现实中的家还要温暖。"大部分时间，他都是进到游戏中去砍砍树，砍完之后就躺在自己房间的大床上睡觉。他在虚拟空间中的房间只有一张大床，那便是他理想中的家。他一个人住，想做什么就做什么。他可以一直在游戏中的大床上睡觉，什么也不做，就这么一待好几个小时。

　　我每次见他的父母，他们都是满脸焦虑、紧张，生怕孩子有什么闪失，即使他已经十几岁了，出行时父母还随身带着各种东西，生怕他渴了，饿着。爸爸妈妈很坦诚："做父母这辈子不就是为了孩子活吗？我们自己苦点不要紧，只要孩子过得好。"

　　是的，大部分无私奉献的父母会说："我们为孩子付出，并没有想着要他回报，他只要开开心心的、平平安安的就行了。"只是，每个人都不可能毫无负担地接受别人的恩惠，哪怕是来自自己的父母，只要不是完全冷血的人，都会想着回报。何况，人的天性中，都会有"自私"的一面，作为父母，怎么可能不对孩子抱有期待和要求呢？"我只是希望他平平安安、顺顺利利的，读个好学校，将来找份好工作，就这么简单。"然而，这样的标准，对一个孩子而言，却并不简单，成长总是伴随着挫折、麻烦，甚至倒退的，父母卖力付出，孩子又将如何心安理得地自处呢？

移除愧疚教育这座大山，能够让孩子"轻装上阵"。孩子背着巨大的包袱，注定是走不远的，在走不动的时候也更容易放弃，厌学，也就由此产生。

故事 15

老师会影响孩子上学吗？

在孩子成长的关键阶段，老师的话多能左右他们对自己的评价，甚至是对这个世界、对他人的看法。但老师和学校往往承受着升学的压力，无形中容易过度关注成绩，有些老师对学习不那么好的学生要么忽视要么批评，这些孩子们该如何应对，家长又要如何引导呢？

有个孩子读初中时，因为英语成绩不好，老师经常批评他，说他考不上高中，只有读职高的份，甚至让班上的同学少跟他接触。由此他对英语课非常反感，上课基本不听讲，英语考试到后来都是靠猜，只能拿二三十分。加上学习压力逐渐加大，无法达到之前的学习成绩排名，每到考试，他都非常紧张，生怕自己考不好。他原本自信心就不强，容易受打击，初二时，实在坚持不下去，他便从教学楼二楼跳了下去。但他说得很清楚，他并不是想死，只是想让学校和家里同意他不上学。他摔断了腿，坐了一个学期的轮椅，妈妈每天推他去学校，然后在楼下的小教室里等着，方便他有什么紧急情况老师可以随时找他妈妈处理，就像小学生陪读。他休学的愿望没有实现，反而要忍着痛坚持上学。

见我的时候他已经上高二，却依然对这段往事耿耿于怀，他认为那个英语老师不配当老师，希望有机会狠狠地骂她一顿。

另一个孩子正上初二，她很认真地表达自己，跟我控诉自己的小学老师。她小学时成绩很好，但她不是那种特别听话的孩子，有点大大咧咧，不拘小节，有时会让老师下不了台。班主任年纪较大，要求严格，且比较传统，觉得女孩子就应该有女孩子的样子，应该矜持、守规矩、听话。因此，班主任总是不断提醒她要改正，要注意，甚至有时会当众批评她。但她完全不认同老师这一套规矩，觉得老师太守旧古板，依然我行我素。这个老师表示几十年的教书生涯都没有遇到过这么不听劝的学生，觉得此学生无可救药。进而，老师要求全班同学都不要跟她做朋友，在班上将她批评得体无完肤，她一个人躲在厕所哭了一整天，没有同学敢去安慰她。之后的几年，她便一直独来独往，一直没有朋友，是完全靠自己硬撑过来的。幸运的是，她的成绩一直很好，这让她觉得生活还算过得去。

　　有一次因为她成绩下降,妈妈就打电话问老师孩子成绩不理想的原因,结果,老师就把她叫到办公室骂了一顿,她被骂哭了。她说:"我曾经因为这件事情告诉过爸妈很多次,我在学校被老师这样对待,我想爸妈帮我主持公道。"但爸爸妈妈都嫌麻烦,觉得多一事不如少一事,并反复告诉她:"你严格要求自己就好了,不要去管老师怎么对待你,更不要'得罪'老师,他看到你表现好,慢慢就会改变对你的态度。"她咬牙切齿地重复着父母当时的话,情绪仍然激动,她说:"爸妈总怕麻烦,怕惹事,但我在那个时候是最需要支持、最需要帮助的,父母却没有支持我。"

　　父母表示他们并不知道事情这么严重,他们以为老师可能只是对孩子严厉了一点而已,完全没想到对她的伤害这么大。他们以为只要孩子收敛一点儿,事情就会过去。但对孩子而言,她本来就很少跟父母表达她内心的想法,好不容易下定决心,犹犹豫豫地说出来,不但没有得到父母的支持和安慰,还被要求从自己身上找原因。并非教育孩子反思自己是错的,只是在孩子一开始向父母求助时,若孩子接收到的是教育的话,那她的感受就完全被忽略了。情绪没有被理解、被接纳的支持,就不能称为真正意义上的支持。此后,她便逐渐关上了心门,压抑情绪,很少对父母吐露真实的想法,变得长时间孤立无援,内心压抑。

　　还有一个例子。这是个六年级的小女孩,看起来有超乎年龄的成熟,但也有与年龄不相符的悲伤。她找不到学习的意义,虽然成绩不错,但总是提不起太大的学习兴趣,特别是数学,她看到数学课本就烦,一听数学课就头痛。

　　这种状况是从小学四年级开始的,小学一到三年级,她一直都是班上的佼佼者,各科成绩都很好,大家都很羡慕她,觉得她很聪明,不用功也学得很好。数学老师很喜欢她,她那时的数学成绩也很好。上四年级之后,学习内容一下子难了许多,特别是数学,她开始觉得有些吃力。

正巧，原来的数学老师怀孕休产假，换了一位数学老师，据说是一位有三十多年教学经验的全市教学名师。这位名师一来，正好碰上数学成绩一般，上课经常神游的她，便时时批评她："你上课在干什么？看你像什么样子！"又说："这么简单的题都做不出来，还自以为是，以为自己很聪明。"她回忆起这些话语，说的时候，眼泪在她的眼眶里打转。她用低低的声音说："他每次都是当着全班同学的面批评我，其他同学就一直在笑，他们觉得老师很幽默。"据她说，这个老师对成绩好、努力的学生完全是另一种态度，从来不骂，说话都是温柔的，讲题也无比耐心。对待像她这样成绩一般的学生却非常不客气。

因此，很多同学都很喜欢上这位老师的课，觉得老师经常开玩笑，上课很幽默。大概这些十来岁的孩子，还不明白有些玩笑看似幽默，却是在践踏被调侃者的自尊，在他们的伤口上撒盐。于是，当这个女孩跟好朋友倾诉说老师有时候批评人太过分、太不尊重人的时候，好朋友给她的回应是这样的："我觉得那个老师挺好的，上课幽默，又有耐心，你不要这样说他，这样对老师不尊重。"言下之意，是你不认真、不听话才被批评的，你要反思你自己。她于是将准备说的话咽了回去。她又去找一直对她很关心、很欣赏她的班主任，希望班主任能跟那位老师提提意见，不要当众批评她，有什么要说的可以私下找她。班主任的回应是这样的："老师也是为了激励你，是为了你好，是为了上课时提醒你认真听讲。"大约也是因为这位数学老师是经验丰富、德高望重的老教师，而班主任一般都是年轻老师来担任，班主任不好得罪前辈。她又尝试告诉妈妈，妈妈跟她讲了一大堆道理，大意就是：你做好自己就行了，别管别人怎么说你。末了，不忘加上一句："你本来上课就经常开小差。"

她求助了一圈，最后得到的回应都是：是你自己做得不好，你自己要反思，老师是为了你好。她开始陷入无尽的自我否定中：我真的那么差吗？我真的自以为是吗？我真的很笨吗？她想不通，渐渐开始破罐子破摔,只要一到数学课就发呆、神游,偷偷画漫画人物,由此恶性循环。

还有一个在省重点初中上初三的女孩,跟我义正词严地控诉老师的表里不一:表面上人人平等,其实只喜欢成绩好的同学。班里一个男同学成绩好,又很会讨老师欢心,因此,即使他违反纪律也不会被批评,老师最多轻描淡写地说一句:"下次要注意。"换作是成绩不好、老师不那么待见的同学,那一顿劈头盖脸的痛骂绝对是免不了的。

这位老师以成绩来衡量学生的优劣,学生成绩一下降立马不受他待见。她的一位同学之前的成绩一直在班级前几名,是这位老师天天挂在嘴边的"大家要向她学习"的标兵,老师看她是怎么看怎么满意,每天都要表扬她好几次。全班同学都乖乖坐着,只有她会被老师夸赞一番:"××同学,上课从来都是这么认真。"然而令人意想不到的是,上了初二之后,这位同学的成绩下降到了班级十名左右,虽然在这个省重点初中也算是佼佼者,然而老师的态度已经有了明显的变化:有"好事"不会第一时间想到她,而是想到成绩更好的同学;很少表扬她,表扬的都是其他同学;看她的眼神也不再那么温柔,总有些难以琢磨的成分。这个女孩说起自己同学的遭遇时简直是义愤填膺的,我想,她是从对方身上看到了自己的影子。

女孩费了九牛二虎之力考入这所重点初中之后,立马遭遇如此打击,到初二成绩已经在班级处于垫底的位置。她在班级中慢慢失去了存在感,即使为班级活动做了很多事情,老师也基本没看到,提都不提,更不会表扬。老师只要看到是成绩好的同学做了事,就立马夸奖:"成绩这么好还为班级做这么多事,你们要向人家学习。"要知道,小学的她也是"天之骄女"、老师口中最有前途、最值得夸赞的孩子。

如此迅疾的变化,原本更应当出现在残酷的社会竞争中,而十来岁的他们不得不提前面对残酷的社会现实,也不知道该如何自我调节。

她一度觉得这个世界很假,没有谁会真正地永远对自己好、欣赏自己，要想在这个社会上生存，就必须戴着厚厚的"面具"。她不喜欢戴着"面具"示人，但又不得不戴着"面具"去面对所有人，在所有人面前都努力表现自己最好的一面，尽最大的努力去赢得别人的关注和喜欢。

这些故事，我曾反复听到，很多时候我找不到恰当的回应方式，连我自己也困惑起来。

在孩子成长的关键阶段，老师的话多能左右孩子对自己的评价，甚至是对这个世界、对他人的看法。但老师和学校往往承受着升学的压力，无形中容易过度关注成绩，有些老师对学习不那么好的学生要么忽视要么批评，这些孩子们该如何应对，家长又要如何引导呢？

离不开妈妈，如何能上学？

为了获取更为广阔的发展空间，每个人都要踏入未知的世界，进行一场关于独立与成熟的深度历练。孩子也一样，需要在不同的成长阶段去探索外面的精彩世界，去接受洗礼和成长，这也需要父母，特别是妈妈做更多的准备，遗憾的是，在这方面很多家长并没有经验。

离不开妈妈的情况，在年龄小的孩子身上更常见，医院精神科对此有一个专门的诊断叫分离焦虑。然而，这却并不是低龄孩子的专利，我见过一个大一的"男子汉"，每天打电话回家，跟妈妈哭诉自己在学校有多么痛苦，每天过得有多煎熬，反复问妈妈："我今天能不能回家？我在学校待不下去了。"

很多父母，从心底见不得孩子吃一点苦。不忍心，是妈妈们最大的死穴。

"我们这一代人都是从农村出来的，小时候家里穷，现在就一个孩子，家庭经济条件又比较好，肯定是想把最好的都给他，毕竟只有这一个孩子。"这是前文提到的上大一还打电话回家哭诉的孩子的妈妈的原话。接着，她又解释道："我有时候也想坚持原则，我也知道他这么大了，不能什么都迁就他，什么都帮他做，但是每次我不答应他的要求，他都痛哭流涕，说自己过得很痛苦，我实在看不下去，实在不忍心。"这个妈妈是位老师，从她的言谈中，我深知她完全知道应该怎么做，她谈到育儿道理时就像讲课，头头是道，一边讲一边举自己孩子的例子，跟我讲述她的惨痛教训，反复告诉我："这都是我这么多年吃亏总结出来的。"这实在是个理论脱离实践的经典案例。

中考前，一向成绩优异的孩子因为紧张、焦虑，出现头痛、失眠，成绩明显下降，为了证明自己的实力，他决定冒险在一次模拟考试中作弊，结果被当场发现。父母担心处分会给孩子留下阴影，就动用各种关系，最终这件事不了了之。孩子中考发挥不太理想，结果上了一所一般高中，他又哭又闹，一定要进高中的重点班，父母又三下五除二搞定了。去了重点班之后他顿觉学习压力太大，跟不上教学进度。初中曾经是佼佼者的他，成绩在班上只能垫底，他跟宿舍同学也无法相处，于是，父母帮他在校外租房住，又把他换到普通班。换到普通班之后他仍然无法适应，在班上交不到朋友。高二时，他打死也不愿去上学，不做任何解释，就丢给父母两个字"不去"。父母无奈，只得又去找借读的私立学校……听到这里，我有些惊讶了，便问："你们有那么多办法吗？他想转到哪里都能满足他？"妈妈的眼泪在眼眶里打转："他不愿意去呀，有什么办法？只能硬着头皮帮他找，私立学校就花钱解决。"至此大家也能预想到，他在私立学校读了一个多月，便无法坚持，认为学校束缚太多，要独立面对的事情太多，自己快要崩溃了。于是，从高二下学期开始，一直到上大学，他都一直休学在家，偶尔看看书。父母帮他报的一对一补习，他只去了两次便不肯再去。

万幸的是，他高考居然超常发挥，高出本科线一百多分，一家人欢欣鼓舞，期待着他进入大学之后，就能一切顺顺当当，从此不用家人再操心。这是妈妈传达给我的最真切的期待，也是她每次帮儿子"善后"之后最真诚的祈祷："搞定了这件事，接下来应该就平平顺顺了，他自己就能上学了吧？""帮他解决了这个问题，他之后就能自己解决问题了吧？"然而，这样的愿望大多以失望告终。

上大学之后，他通宵失眠，住不了学生宿舍，于是就花钱租房。好不容易将租房的事情解决了，课程的学习压力又接踵而至，他上课听不懂，作业不会做，还要应付社团的事情、应付人际关系。他频繁给妈妈打电话："太多事情要处理了，我头都要炸了，我好难受，我不知道该怎么办，我要回家……"妈妈崩溃了："我以为上了大学，就一切都会好起来……"

我们不用改变自己的做事模式，事情就会自动好起来；我们不用跟孩子分离，孩子到了年龄就会自动懂事，自动去外面的世界闯荡，这是很多父母发自内心的真诚期待，或者说真诚幻想。

不做推动，可能到 80 岁他还是孩子，还是只要离开父母就不知所措的"小朋友"。

当然，母子分离，有一个好的队友尤为重要。父母双方一方过度保护，一方过度严厉，或者同一个人时而严厉，时而毫无底线地妥协，是最常见，也是最直接的分离焦虑产生的原因。

我还接待过一个 7 岁的女孩，上二年级了，一个多月后，突然无法正常上学。她每天早上不愿起床，妈妈帮忙梳洗好也不愿出门，好不容易出门了，来到学校门口不愿进去，妈妈陪读也无济于事。

她这样的变化有一个明显的触发事件，在厌学问题出现的一周前，爸爸妈妈请了客人来家里吃饭，原本下午五点半开饭，结果客人迟到，妈妈来不及去接上完晚托的女儿，于是拜托邻居去接。她当天晚上没有大哭大闹，但明显情绪不好，第二天早上上学就哭着说："妈妈没有去接我，我不愿意上学，我要妈妈陪着上学。"妈妈断然拒绝。第三天早上她反应更厉害，到学校门口不愿下车，一直在车里哭闹，爸爸跟她沟通好久之后，终于忍不住打骂了她，她才哭着进了校门。后来她渐渐无法上学，每天上学时都哭闹得厉害，来到学校门口不愿意下车，把穿好的衣服鞋袜都脱掉，情绪几乎失控。在家休息一周之后，妈妈无奈陪读，虽然她基本能正常上学，但仍然情绪低落。

她反复控诉妈妈："妈妈没有按时去接我，妈妈说话不算话。"后来又说道："有同学说我坏话、骂我，有同学不跟我玩，老师对我很凶……"值得一提的是，这个女孩在上一年级时也是妈妈陪读一个多月之后才慢慢能正常上学。

我见到他们一家人时，才发现这是典型的"严父慈母"组合：妈妈是家庭主妇，温柔而脆弱；爸爸要强、独立，所有压力和情绪都自己扛，说话大声，有轻微洁癖，见不得家里有一点不整齐，耐心较差，很容易发脾气。妈妈和女儿一样，都怕爸爸。有一段时间，到了爸爸下班回来前的一两个小时，妈妈整个人都焦虑起来，紧张地检查家里的每个角落，确认每一件东西是否都摆放整齐，把家里打扫得干干净净之后才能松口气。大多数家庭的妻子见到丈夫回家都是开心而期待的，这个妈妈不一样，她总是小心翼翼，一直到丈夫从进门到吃饭都没有任何发作，这才稍微安下心来。

遗憾的是，这样的时候并不多。

爸爸负责辅导孩子写作业。当然，这又是一个火药味浓烈的"战场"。爸爸总是搞不懂："为什么你不会做不问我，要自己随意做？我不是让你不会的问我吗？"女孩不吭声，爸爸更生气，劈头盖脸痛骂一通，女孩只是哭，仍然不说话。妈妈看不过，想上前劝一劝，往往会被牵连："慈母多败儿，什么都惯着她，以后事事都那么娇气还得了！"爸爸属于情绪快速宣泄型，每次发完脾气，自觉神清气爽，于是邀约家人："一起去走走吧，放松一下。"母女俩当然不领情，憋了一肚子委屈，两人便在家互相安慰，女儿对妈妈有着深切的同情和依赖。

爸爸十几岁时，爷爷便去世了，爸爸一个人在外求学，后又独自在外闯荡，他的生存之道就是尽可能快速地处理情绪，然后以最快的速度去解决眼前的问题，比如，把没放好的东西放好，把没做对的题做对。几十年来这样的方式帮助他获得安全感，抵御生存焦虑带来的不适感。他总是奇怪："我也不是要骂她们，就是要让她们改正，就是说话大声一点，不知道她们为什么都那么害怕，结果好像我做错了事情一样。"因此，即使在家庭治疗里，看到孩子或者妻子掉眼泪，他总是很不自在，不自觉地会对妻子说："你下去走走吧。"又对女儿说："你去找姑姑吧。"爸爸回避一切的负面情绪，他希望家人都以最快的速度振作起来，解决问题。

于是，小女孩的负面情绪变得无处安放，父亲像坚硬而且带刺的仙人掌，无法接近，母亲虽然温和，但太脆弱，似乎处理自己的情绪都力不从心，更无从安慰孩子。两相权衡之下，孩子只能像抓救命稻草一样抓住妈妈。这也就能理解为何妈妈的一次失约，对她而言会造成如此巨大的冲击。

孩子都是从信任家庭成员开始信任外面的世界的，在不安全的关系中长大的孩子，无法轻松自如地去探索世界。而上学，就是探索外部世界最重要、最直接的一步。

无法跟母亲分离的孩子，总是试探着向前，稍有风吹草动便惊慌失措，瑟瑟发抖地寻求着单薄的温暖和安慰。

所以，上学如何不难？

妈妈，我不想上学，可以吗？

为什么大部分孩子都是有事找妈妈？特别是在学校遇到困难，想退缩，想回家的时候，我接触的案例中有九成的孩子都是找妈妈。有的孩子可以一天打十几个电话给妈妈，不断哭诉，绘声绘色地描述自己在学校多么难受，全身各处多么不舒服，面对这种情况，任是多么无情之人，也都不忍心不去接孩子，更何况母子连心。为什么不找爸爸呢？我听得最多的回答是"爸爸肯定不会答应我回家"。看吧，什么事该找什么人，找谁才有可能达到目的，谁比较心软，更容易答应自己的要求，他们都了如指掌。

妈妈，我不想上学，可以吗？

为什么只问妈妈，不问爸爸呢，或者一起问爸爸妈妈呢？带着这样的疑问，我们来读完这一整篇文章吧。

见过了各种原因引起厌学的孩子之后，我由衷地敬佩孩子们的聪明。为什么大部分孩子都是有事找妈妈？

妈妈是更有可能被攻克的难关，找妈妈下手，成功概率更大。这是性别特征使然，也跟常见的家庭模式有莫大的关系。

我见过一个 12 岁，刚上初一便因为厌学来我这里问诊的孩子。

他厌学的起因比较特别，是在小学六年级上课时不慎被同学用书本砸到头部，他当时觉得头晕，父母带他到当地医院检查，检查结果一切正常。然而，他还是不放心，渐渐开始担心自己的头被砸到后无法学习，担心自己的脑袋有问题。他变得做事没有耐心，晚上不能好好做功课，无法集中注意力，学习成绩慢慢有所下降。他被父母带去看了精神科之后情绪更加不稳定了，有时会大发脾气；有时会要求跟父母谈心，否则就发脾气，甚至曾经冲出家门；有时会独自在房间哭泣，跟父母说感觉心里很闷。

在这样的状况下，他还是考上了当地的重点中学。

初中学校要求学生寄宿，但开学后他经常会要求妈妈傍晚接他回家，早上返校时到了学校门口也不愿意进校园，上课集中不了注意力。在学校的时候，会频繁跟母亲打电话哭诉："在学校学习很压抑，过得不开心。"有时是哭诉身体症状："胸闷，感觉喘不上气，头痛。"多的时候他一天要打五六个电话，要是妈妈不接就一直打，以至于妈妈几乎没办法正常工作。

　　我单独见他时，他稍微有点紧张，但表现得很健谈，愿意谈内心的困扰和遇到的困难。他说："小学的时候我成绩很好，考上了市里的重点初中，上初中后很难适应学习，竞争很激烈。"又说："作业太多，加上数学和地理跟不上，学校管理非常严格，动不动就扣分，扣分太多就会被开除。"对于扣分这件事他特别害怕："我每天都小心翼翼的，生怕做不好被扣分，久而久之被学校开除。但是住校有太多规矩，我觉得好难受，跟舍友相处也很麻烦。"

　　在家庭治疗时，他像变了一个人，完全沉默，偶尔以点头或摇头表达自己的观点。父母怎么鼓励他也不肯开口说话，因此，大部分问话，都是由妈妈代替他来回答。于是我了解到家长对他特别宠爱和保护。他在上小学之前主要由妈妈照顾，跟妈妈关系特别亲密，与爸爸相对疏远。跟妈妈亲密到什么程度呢？我了解到一个惊人的信息：这个已经上初中的男孩，至今还没有跟妈妈分床睡。妈妈说得很轻松："因为他一个人会害怕啊，而且爸爸做生意经常要出差，所以爸爸不在家他还是会跟我一起睡。"我尝试问孩子："你的同学还跟妈妈一起睡觉吗？"他只是腼腆地笑笑，不说话。

　　这个妈妈有一个非常奇特的处理方法，就是每当孩子因要求不被满足而哭着大喊大叫的时候，妈妈看着不忍心，怕孩子哭坏身体，都会忍不住去抱着孩子，心疼地安慰，接着给孩子讲一番道理，希望孩子认识到自己的错误，让孩子下次不要再出现类似的问题。紧接着，就是满足孩子的要求：孩子想要什么她给买什么，原本不让看的电视也同意孩子看了，原本坚决不允许玩的手机也顺手递给了孩子……总之结局"皆大欢喜"。看着孩子脸上重新绽放的笑容，她心里甚是安慰。她在跟我讲述整个过程的时候，特意强调："我每次满足他的要求之前都会跟他讲道理，让他下次不可以再这样了。"我看着她，严肃地问："那你觉得孩子记住的是你满足了他的要求，还是你讲的道理呢？"妈妈愣了一下，良久才小声说："应该是我满足了他的要求吧。"

在传统的教育方式中，我们总是习惯性地高估"讲道理"的巨大作用，信奉金玉良言胜却万条教育方法的作用，无论面对多大的孩子，都将讲道理视为唯一可行的教育良方。我们坚信无论行动如何，只要讲了道理，孩子就能记住，就会照做。遗憾的是，在这个网络发达的信息社会，不少孩子懂得的道理比家长都要多，孩子懂得，却不会照做，或者坚信自己"道理都懂，但就是做不到"。加之对孩子来说，比起抽象空洞的道理，眼前的快感和满足感才是最直接、最刺激神经的深刻记忆。为此，以讲道理作为唯一教育方式的家长，总是不断经历打击，陷入家庭教育失败的无助境地中。或者就是天天抱怨："我都跟他说了，他就是不听，我也没办法。"每当这时候，我都会忍不住要提醒他们注意一下自己的行动。

所以，我继续问孩子："你怎么只跟你妈妈打电话哭诉，让她来接你回家。怎么不打给你爸爸呢？爸爸开车应该来得更快呀。"孩子想都不想便很坚定地回答："我知道爸爸肯定不会来接我的。"我更有了兴致，问："为什么那么肯定呢？"孩子怯怯地抬起头看了看爸爸，鼓足勇气说："爸爸对我很凶，对我说话也很大声。"妈妈这时候插话说："是的，他这个人很粗鲁的，又没有耐心，只要说什么孩子不听就大声骂。"我问："那骂了孩子会听吗？"妈妈摇摇头，看一眼老公："他那样的态度，谁会听？"我继续问："会怎么样呢？"妈妈仿佛爸爸已经骂了孩子似的，不满地说："孩子就哭呀，大声哭，有时候哭得都抽搐了，他还是继续骂，我实在看不过去。"每一次妈妈都会如天神降临一般地出现，一边指责爸爸："这么凶干吗，有话好好说！"一边安慰孩子，哄他开心。不过，这个孩子可不容易哄，不满足他的要求他是不会停止哭的，妈妈无奈，就只能用上文中提到的方法。

爸爸坐不住了，跳出来说："我每次管他都是因为他做得太过分了，说也不听，不管不行，我老婆就护着他。"妈妈不依不饶："你那个态度谁受得了？谁会听啊？！"

果然是"母子连心"，妈妈的难受委屈只有孩子知道，当然"礼尚往来"，妈妈看到孩子难受也会挺身而出，"舍身护子"。只是，一个十来岁的孩子在家里有一个绝对站在他这边的成人，以他是否开心来评判是非而不是以教育必要性来评估对错，问题就会变得十分复杂。

"妈妈，我不去上学可以吗？"为什么不去上学呢？因为上学压力大，因为上学难受，孩子能找到各种冠冕堂皇的理由。孩子可能想破脑袋也想不明白："为什么其他难受的事情我都可以不做，只要我一不开心你就会帮助我，上学就不能帮我呢？我上学一样难受呀。"他或许有一种被欺骗的感觉："你们怎么说话不算话？你们要我吗？怎么上学就不能不去呢？"

家长总是会低估孩子钻空子的能力，以为孩子会认真听父母说的话，按照"道理"做，按照父母引导的方向走。恰恰相反，孩子才是以"快乐"为主要原则的人群，他们处在逐步学习社会规则，接受"有些我不想做的事情，也必须要做"的阶段。他一旦发现有办法可以想要什么都要得到，不想做的事情"哭一哭，闹一闹"就可以不做，怎么会不"欣喜若狂""欣然习得"呢？毕竟，那原本就是人的本能。

为何要强调父母意见一致，相互协作的重要性？这就涉及一个关键的问题：谁来定义对错，谁来定义什么事应该做。爸爸说必须做，妈妈说："宝贝，如果你觉得难受就不做了吧。"这就好比一本书说"$1+1=2$"，另一本说"$1+1=3$"。孩子会如何取舍？当然是哪个对他有利他就选哪个答案。别人借了我钱，先借了一块，第二天又借一块，第三天我肯定拿着写着"$1+1=3$"那本书去找他，让他还三块钱。争取自己的利益最大化原本没有错，只是要想让孩子在这个社会上生存，就需要让他知道，其他人不可能都宠着他、迁就他，遇事都保证他的利益最大化。因为，社会的规则是"1+1 只能等于 2"。

父母有责任告诉孩子这个规则，并且让他遵守这个规则。

他打电话说："爸爸，我不想上学。"爸爸回答："休想，学是必须上的。"妈妈回答："是的，你爸爸说得对，无论如何你这个年龄都必须上学。"这才是真正具有威慑力的态度。在这样的前提之下，再了解他遇到的困难，跟他一起去面对，鼓励他相信自己的能力，这样才可能真正地解决问题。不然，孩子会想，既然可以不去学校，我为什么要面对困难？

没有朋友，让我如何上学？

?

　　无法融入现实的集体，建立现实的人际关系，也没办法把原有的关系内化，让内心不孤独，这样的孩子，在学校会很容易陷入无所适从的状态，既没办法心无旁骛地专心学习，享受一个人的孤独感，也没办法顺利地建立友谊关系，享受现实中的亲密感。上学对他们而言变得异常难熬和漫长。

人际关系问题是很多孩子厌学的主要原因之一。

人际关系问题有多种表现形式，其中之一：我有很多朋友，但我只是旁观者。

这个女孩来见我时已经休学大半年，她不愿意去学校，因为在学校没有朋友。初一时她很乐观积极地交朋友，初中每个年级她都有许多认识的人，每天走在学校里有很多人跟她打招呼，她跟这个聊一下，跟那个聊一下，每天忙得不可开交。

一年之后，她突然觉得这样没有任何意义，变成了另一个样子，在班上很少说话，也不主动交朋友。这个女孩长得不漂亮，还有些胖，她也不愿花心思在外表打扮上，穿着随意。

她谈到跟一个好朋友的相处方式，对方长得很漂亮，很喜欢跟她聊天，朋友出去玩会带上女孩，但这个朋友不会考虑女孩的感受。比如，一起去看电影，她看得津津有味，但是如果朋友不喜欢看，会站起来就走，完全不问她的意见。

好朋友经常把她当"电灯泡"，几个异性渐渐跟她成了好哥们儿，会单独找她聊天，甚至有心事也会跟她说。只是这些好哥们儿谈的话题让她有些无可奈何：三句话不离她的朋友，告诉她自己喜欢她的朋友，各种表达思慕之情。她总是耐心地听对方说，有时候要花一两个小时来安慰、开导对方。她可以牺牲做作业的时间来安慰对方，接着自己再熬夜写作业。她也会在心里说："这些事情关我什么事啊，你告诉我这些干什么？"但转念马上告诉自己："别人愿意告诉我是信任我，我应该认真听。朋友不开心，我也应该安慰他们。"我问她："你不开心的时候会跟他们说吗？有什么心事会告诉他们吗？"她摇摇头："很少。"低头半晌，语气突然悲伤起来："他们对我的事情应该也不感兴趣吧。"接着又苦笑一下："还是不要给别人添麻烦了。"我发现她言语中矛盾的地方，便指出来说："怎么别人找你就可以，你找别人就觉得是给对方添麻烦呢？"她低着头，没有看我，低声说："可能我觉得自己不配得到别人的关心，不配拥有友谊吧。"

为了获得友谊，她把自己变成了旁观者。既然是旁观者，那"我"是否出现，又有什么关系呢？反正都没有人在意"我"。

渐渐地，她不愿出门，只喜欢自己宅在家里看漫画、看小说，学习上失去动力，完全不知道为什么而学。

人际关系问题的表现之二：太在意其他人的感受，觉得跟人相处太累。

我见过一个女孩，上初二，她跟我说，她说每句话，做每件事都是要三思而后行的。

同学邀请她出去玩，她并不愿意去，心里刚开始是想着拒绝的，但是话一出口，便成了"欣然答应"："好啊，我好想去。"因为经过思考，她发现不能拒绝对方。

别人夸奖她，她总觉得对方不是真诚的。她会留意看对方的眼神和表情，会从所有细微的点来判断。"她夸我的时候笑了，肯定是口是心非。""她看我的时候，都不看我的眼睛，肯定是心虚。"

对于做心理治疗，她的期待是找个人听她说话，可以让她想说什么就说什么，不用担心医生不耐烦。生活中她想跟别人说话，总是担心对方会不喜欢听，她会仔细地观察对方的面部表情，不断验证自己说的话题对方是否感兴趣，对方稍微皱一下眉，她便如临大敌，不敢继续往下说。找心理医生就不一样了，她知道医生无论如何都会听她讲，即使医生心里不舒服，也不会说出来。这样她能稍微放松一点，想说什么就说什么。只是，她跟我谈话，明显看得出来她并不放松，她总是坐得端端正正的，缓缓地说话，不时会有停顿，看得出来她是边思考边说的。她说："我已经习惯了，我的脑子飞快地转着，我从来不会不经大脑随便说话。"

她说："我没办法放松，一旦我意识到自己放松下来，我马上就会很不安，好像做错了事情一样，我一定要时时刻刻保持警惕，保持思考，我觉得只有这样才是对的。我也知道这样会很累，但是我习惯了。"

她在家里有一个房间，但那不只是她自己的房间，父母会把工作电脑放在她的房间，平时都要在她的房间工作，只有睡觉的时间父母会回他们的房间，她只能在客厅待着，做作业也只能在客厅做。加之，她房间的门因为被家具顶住了，根本就关不了，即使睡觉，房间门也都是开着的。所以，她最喜欢的事情就是去森林或者公园这样的地方发呆，能一个人坐上好几个小时，只是这样的机会并不多。父母希望她多跟同学出去，要么就是跟着他们出去，一个人出去在他们眼中是无比怪异的举动。我问她："你没有跟爸妈表达过想要一间自己的房间的想法吗？"她回答得很迅速："他们不可能给我腾个房间的，他们小时候在家里都是好几个人一个房间，他们觉得这很正常。"我接着说："所以你没有说，就已经自己否定了？"她坚持："反正不可能。"

于是，为了让自己过得轻松一点，她只有尽可能不接触人。当然，也就去不了学校。

人际关系问题的表现之三：没有朋友，形单影只。

很多孩子根本就不会交朋友。被动、退缩的孩子，基本没有机会让其他孩子来了解自己。现在很多孩子每天从早到晚都排满了课，到初中之后，副科课几乎全部被取消，同学之间几乎没有交流的机会。

有的学校的重点班，每学期都有人员流动，稍有不慎就会被"抛弃"到普通班，身边的同学都是你的竞争对手。面对这样的氛围，要如何跟班上的同学和谐相处，大家开开心心做朋友呢？

也有的学校实行"走班制"，每周换一个班级，这一制度又分为部分走班和全部走班。部分走班就是让一部分同学在其他班级待上一两个月，体会其他班级的生活，学习其他班同学积极的学习态度，感受其他班优秀同学努力学习的精神。全部走班就是同学不定期进行大规模班级调整，具体安排由抽签决定。大部分学校是一个月进行一次，也就是你刚记住了班上同学的名字，就要道别了。

学校对此有很多"用心良苦"的考虑："跟更多的同学交流学习，有助于提高学习效率。""促进学生增强环境适应能力，能够在最短的时间内适应新环境。""让班上的学生不至于有拉帮结派的现象，不会熟悉之后讲小话，学生更能够专注学习。"确实，不但不拉帮结派了，同学们到最后连彼此认识的环节都省了，反正一个月之后就要各奔东西，认识只是浪费时间。同学们也不会尝试去交朋友，抛开部分同学原本就被动、新环境适应慢不谈，一个月的时间，有可能真正成为朋友吗？而那些慢热而谨慎的孩子，面对这种急剧变化的学习生活环境，更是无所适从。

"一切都可以为成绩让步，更何况是友情这些可有可无的东西。""十年之后，你们可能都不记得彼此了。你们会去更优秀的地方，认识更优秀的同学。"每当听到这样的描述，我总是无比唏嘘：陪伴、支持、群体生活都是人最基本的需求，如果连这些需求都不能满足，成绩再好又有什么意义呢？

然而，长远的影响总是容易被人忽略的。毕竟人际交往能力的培养也不是一件短期内就能奏效的事，远不如成绩来得实际和有现实意义。

而往深层次讲，孤独源于无法建立内化的心理连接。

一个孩子跟我说，她一回到学校就好像变成了这个世界的旁观者，就像看电影一样看着大家，一切都很陌生。她跟我详细描述了这样的感受，比如，她跟朋友见完面后分开，回到各自的班级上课学习，再无交集，就好像刚才的见面并不真实。周末回到家，妈妈给她做了一顿她喜欢吃的饭菜，两个人有说有笑地吃完，接着妈妈要去上班，要出差，要赚钱养家。她继续回到学校，按照学校的规定准时出现在教室里，上课从不捣乱，无论能否听懂，都绝不违反纪律，不打断老师。她原有的亲密关系只有朋友和家人。在家里的时候，仍能让她感觉到温暖和亲密，一旦和家人分离，在她的世界里，所有的一切都不存在了。

因为她是插班生，其他同学都已经同窗一年，大部分都有三三两两的固定伙伴，她认定自己是多余的，加入他们之中会破坏其他人之间的关系，因此，即使有人主动请她吃饭或者放学一起回家，她也总是找理由拒绝。中午她第一时间跑回宿舍，玩手机吹空调，将吃饭的时间省下来自己在宿舍待着，那是她每天最盼望、最惬意的时光。因为吃饭大部分时候只能她自己一个人吃，那实在太尴尬了。虽然很多作业不会做，数学基本听不懂，但她仍假装在听讲，她不敢问老师，也鼓不起勇气开口问同学。晚自习的时候，同学们都在奋笔疾书，忙于完成作业。她的后桌是一位学霸，总是有人排着队来问问题，她静静地看着忙碌的同学，发呆、盼下课。

无法融入现实的集体，建立现实的人际关系，也没办法把原有的关系内化，让内心不孤独，这样的孩子，在学校会很容易陷入无所适从的状态，既没办法心无旁骛地专心学习，享受一个人的孤独感，也没办法顺利地建立友谊关系，享受现实中的亲密感。上学对他们而言变得异常难熬和漫长。

每个人最初的人际关系来自哪里？来源于家庭。家庭是否能够提供足够安全的关系，让孩子完成这种关系的内化，让父母转化成"内在客体"陪伴孩子的成长，这一点至关重要。简而言之，父母不在身边的时候，孩子还是能相信他们存在，能够用他们陪伴自己的感觉，自己陪伴自己，专心地投入自己喜欢做的事情中。这就像一两岁的孩子，当他有足够的安全感的时候，妈妈在厨房忙，他可以连续几个小时自己玩积木，偶尔想起妈妈来，便叫一声"妈妈"，妈妈答应一声"在这里"，他便头也不抬地继续玩自己的积木。而没有安全感的孩子，就需要不时地跑过去看看妈妈在不在。他无法专注于自己玩耍，因为他无法将妈妈放在心里，他一定要妈妈在面前，需要现实的确定感。

而拥有安全依恋关系的孩子，交朋友对他而言就是"小菜一碟"了。没有这样幸运经历的孩子，则需要通过学习和训练掌握这项技能。父母们以为"孩子长大了就会交朋友了"，这或许是对孩子最大的误解。

但愿，我们能在孩子因为人际关系而厌学之前，就意识到人际关系的重要性，并且尝试做些什么。

你们都不知道我上学有多辛苦！

从心理学的角度而言，上学只是一个外在表现，是孩子人生的一段必不可少的经历，而我们希望做的，是引导他形成积极的应对模式，而"为自己负责"，将是他未来人生中最重要的人格品质之一。

重返校园，是一种宣言，是孩子能迈出一步自己去解决问题的宣言；是父母可以尝试相信孩子的能力，放手让孩子自己去解决问题的宣言。这个过程，弥足珍贵，无论多久，都值得等待。

我发现很多厌学的孩子都有一个特点，那就是当他们遇到挫折和困难的时候，会站在原地不动，不往前也不退后，隔离自己的全部想法和感受。这其中会有很多表现形式，最典型的一种是犯困和睡觉。他不面对，不解决，不后退，不放弃，哪一样他们都不想要。他们沉浸在情绪里，深陷于痛苦中，无比耐心地等待着。

而这样的孩子，往往有一个焦虑而紧张的家长，且大部分是妈妈。她们无法忍受孩子这样长时间站在原地不动，这会让她们抓狂。怎么办？妈妈帮孩子做选择，从而问题得以解决，"皆大欢喜"。这样的模式所产生的影响在孩子小时候便初见端倪。

我曾经接待过一个 8 岁的小女孩，她内向胆小、在学校常被人欺负，在一次被班主任简单批评之后，她变得更加拘谨胆怯，跟陌生人基本不说话，上学当然也上得很勉强。同时她出现了一些退行的表现：她会像四五岁的孩子一样到哪里都要带着自己的玩具熊，吃饭的时候也要喂玩具熊一口，自己再吃一口；会跟玩具熊像同伴一样相处，比如，问玩具熊："你是不是不想跟我玩了？"还会跟妈妈告状说玩具熊打她；会给玩具熊盖被子，哄着玩具熊睡觉，生气的时候会咬玩具熊的鼻子，就像在跟真的伙伴打架一般；也会在家长进门的时候突然躲在门后藏起来，想吓一下父母。

她没办法自己单独进入治疗室，一定要父母陪，进入治疗室也一定要妈妈抱着，完全不肯下地。好不容易站到了地上，她仍然不时地望着沙具架上琳琅满目的沙具，两眼放光，但她一直站在原地不动，整个身子靠在妈妈身上，仿佛没有长骨头一样。妈妈再三鼓励她去拿喜欢的沙具，她也不挪动半步，妈妈推她过去，她扭身便回来了。好不容易黏着妈妈来到了沙具架前，她却只是呆呆地站着，来回地看，足有一两分钟，下不了手。

与之形成鲜明对比的是无比忙碌的妈妈："你看这个车，可以这样开，多好玩啊！"妈妈一边演示着开车，一边拿起宝石状的沙具，举到孩子眼前，说："你看这个宝石，是不是很漂亮？"一会儿，妈妈又发现一栋小房子很漂亮，惊喜地指给孩子看："你看，这个房子多好看。"……每一次妈妈拿起沙具，兴奋地展示给女儿看，女儿都转过头看着妈妈，很有兴趣地露出惊喜的笑，把沙具拿在手里看一下，便很快还给妈妈。8 岁的孩子，是完全知道自己喜欢什么沙具的。我尝试提醒妈妈："妈妈，你让孩子自己选。"爸爸也忍不住说："你陪着她就好，让她自己选。"妈妈好像被责怪的小孩，尴尬地笑笑，扭身抛下孩子，自己坐到了座位上。当然，孩子也立刻跟着妈妈跑了过去，躺在妈妈怀里，什么都不选了。爸爸又说："你过去陪着她呀。"妈妈无奈，再次起身，耐着性子陪着孩子选。又是漫长的一分钟，孩子刚想伸手拿一个自己喜欢的猫猫沙具，举了一下手，却又犹豫地收了回来。妈妈显然没有看到这个细节，此时已经到了她能忍耐的极限，她又不自觉地拿起一个薯条沙具，惊喜地说："你看，这里还有这个！"孩子又笑着望着妈妈，拿起"薯条"看了看，再次放下。当然，对于她原本伸手想拿的沙具，她已经忘记了，她再次呆呆地站着。妈妈望了我一眼，大概是怕我再说她，便又转身想回到座位。爸爸赶紧阻止："都说让你陪着她！"妈妈语气中满是无奈："我陪着她，她又不选，我看着心里着急！"妈妈再次勉强硬着头皮跟着孩子，鼓励孩子道："你想要什么就拿什么，选吧。"孩子也再次不断环顾巡视，而漫长的等待，令大人无比煎熬。就在孩子伸手准备拉一个垃圾桶沙具的时候，妈妈拿起了一个邮筒沙具："你看，这个邮筒前面还有一条狗蹲在那里。"显然，等待的时间超出了妈妈的极限，她已经忍不住了。

在我看来，这个孩子只是慢一点，她无法坚信自己的选择，不知道选错了怎么办，不知道选了结果自己不喜欢怎么办。就像她面对在学校的种种状况，她不说话，不行动，就那样僵在原地。而她的退行，某种程度上是她的自我修复，但是妈妈会觉得她无比怪异，不断跟我陈述她跟玩具熊之间的奇异举动："熊宝宝都不会动，怎么会打她？""藏在门后我们就看不到她了吗？"当然，在浓缩家庭模式的治疗室中可以更明显地看到，孩子真的不是一般的慢，这对妈妈来说是最致命的。妈妈认为，在自己的帮助下孩子完成了选择，不是皆大欢喜吗？不然花那么长时间陪她，什么事情都没完成，这样做有什么意义呢？在什么都没有完成，什么都没做的时间里，妈妈自己会缺失价值感，在无比的焦虑之下，她选择自己出手，实现整个事件"表面上的完成"。

还有一个典型的现象是碰到熟人，对方询问孩子的情况："小朋友你多大啦？上几年级啦？在哪个学校？"慢一点的孩子，需要做长时间思想准备的孩子是无法马上回答的，表面看起来便是他僵在原地，不理人，气氛十分尴尬。一旁的妈妈见此情景，脸上挂不住，于是倒豆子一般利索地回答："十岁了，五年级，在 ×× 学校。"对方听完，寒暄感慨一番："时间过得真快啊，都上五年级啦，上一次见他才刚上一年级呢。"妈妈也附和着："是啊，就是还不懂事，不叫人。"一番表面和气的关心之后，大家各自散开。妈妈一边拉着孩子走，一边说："人家问你怎么也不说话？"

没有意外的话，这样的模式会一直持续，伴随孩子的小学、初中。焦虑的父母总是在孩子做出反应之前就先跳了出来，跳出来说话，跳出来帮助他们解决问题，让这些本身像"乌龟"说话做事慢，但仍有想法，也有属于自己的能力的孩子，越来越怀疑自己的能力，以至于难以迈出自己的步伐。

面对人生的十字路口，不同的人会有不同的选择。有的人会硬着头皮走，每一条路都走一遍，即使碰得头破血流，最终也能找到自己的方向，并且在这个过程中找到面对困难和挫折的方法。有的人会直接后退，退到自己熟悉的地带，因为在那里不用做选择，不会迷茫得不知所措，他们心安理得地接受这样的选择，不会因此鄙视自己，而是在安稳的道路上平静地生活。还有一种人会站在原地不动，他们不甘心后退，又不敢前进，后退会看不起自己，前进又深感困难重重，于是，干脆站在原地，隔绝所有的感觉和信息，缩进自己的"壳"里，什么也不看，什么也不说。这个过程需要的时间长短不一，却足以将身边的人逼疯。

我曾经接待过一个休学近三年的孩子，在接受治疗前大部分的时间里，他都以游戏为伴，日夜颠倒地生活着，情绪异常低落，每天都在自怨自艾中自我折磨，绝望而无助。在接受了很长一段时间的治疗后，他终于鼓起勇气重返校园，在此之前他接受了两三个月的补习，突击式地将初中课程基本学完。临上学之前，焦虑异常的他又开始打退堂鼓，担心自己跟不上老师的教学进度，担心学校的人际关系。我完全理解这样的感受，对一个离开学校近三年的孩子而言，校园已经陌生到完全跟他没有关系，保留的都是刻骨铭心的失败记忆。好在，他最终还是硬着头皮去了学校，第一天完整地上完整个课程，包括晚自习都坚持了下来。结果当天晚上回家后他脸色很差，跟家人抱怨了一堆困难：老师讲的进度太快了，自己前一道题还没做完，他已经讲下一道题了；同学们好像比较冷漠，而且自己是插班生，他们都是三三两两一起，只有自己形单影只；体育课跑步有些力不从心，跑完腿酸疼得不行。然而在休学之前，他曾经是运动健将，身体素质是非常好的。父母也焦虑起来，拼命想尽各种方法劝他去上学，想办法帮他解决全部困难。

他来找我的时候，照例将全部的困难都叙述了一遍，然后抛出一个问题："我现在该怎么办？"接着便把头低下去，把玩手中的手表，不时好像闭目养神一般。我尝试从各个角度切入，换来的都是应付式的、有气无力的回应，他跟我说的最多的话是"大脑一片空白，不知道要说什么"。于是我知道，我的所有尝试注定是徒劳的，他并没有准备好去解决问题，他不甘心放弃，又害怕面对困难，他退到了自己的"壳"里，不思考，也不痛苦。这是他习惯的模式，他习惯有人在这样的时候来帮他解决问题，即使他从内心并不认同这样的解决方式。

"你们都不知道我上学有多辛苦！"是他们发自内心的呐喊，并且由内而外地呈现着，等待被人发现，被人拯救。

一个高三的女孩，在三四年的时间里抑郁症反复发作，情绪不时陷入低落消沉期，她称这个时期为自己的"抑郁期"。在"抑郁期"里，她什么都做不了，大部分时间都是在睡觉，偶尔玩玩手机打发一下时间，她总是困，总是累，当然也上不了学，不得已只好请假。两三年的时间里，我眼看着她从一个窈窕女孩，变得臃肿肥胖，走路都有些吃力，心理医生换了一个又一个，却不见明显起色。很长一段时间，她的"抑郁期"都非常有规律，只要一到考试前，她的状态就会渐渐变差，"抑郁期"就会如期而至，打乱她的整个计划，让她困倦异常，考试自然也考不了。就这样，她的高中上了近五年。进入高三，对她而言是一个巨大的刺激，她不想再复读，她想考好的大学，想要努力学习，然而，"抑郁期"总是如影随形。

她说："高一、高二的时候我还有时间，请假也没事。但是现在是高三，我知道自己不能这样下去了，但是没有动力。"有一天她再次请假看心理医生，爸爸跟她说："你上午看完医生，下午就要去上课。"她不想去，没有答应，爸爸有些失望，说道："都高三了，你总是这样不行啊。"她一下便崩溃了，见到我的时候一直哭诉："我也很辛苦，我也很累，我难道不想去上学吗？他们还骂我，一点儿都不理解我。"我说："你不上学，你爸妈难道应该很开心吗？那样是对你负责任吗？"她不好意思地笑笑，嘴上却不依不饶："但是他们这样会增加我的压力，我已经很辛苦了。"我准备揭开她的想法背后的逻辑："你的意思是如果父母不会不开心，你就可以名正言顺地不上学了吗？"她想了想，纠正道："也不是，主要是我现在正上高三，如果我还是在幼儿园，我肯定开心地慢慢放松，想睡觉就睡觉。"换言之，"上学"这个烫手山芋，能不接就不接。至于这个"烫手山芋"是谁的？反正不是她自己的，是父母给她的，是高三给她的，是社会给她的，总之，她接得很委屈，很痛苦。当她没有接，周围人都不满意，不开心的时候，她更委屈，更想不通。

她坚信抑郁症是一种只有药物才能对付的"洪水猛兽"，她紧紧地抓住科学依据："研究都说了，抑郁就是大脑中神经递质分泌紊乱，是多巴胺太少引起的。"言下之意，这是大脑的问题，她能有什么办法，她只能配合吃药。至于它什么时候来，它来不来，她都是无能为力的。

她总是习惯性地问我："医生，我想努力，但是早上就是起不来，就是没有动力，你说我该怎么办？""医生，你说我的这个抑郁到底是怎么回事，怎么这么多年还没好，你说我能好吗？""医生，你说我都高三了，我这样的状态怎么办呢？"我总是无奈地听着，想不到答案，也无从作答，除了她自己，没有人能代替她回答这些问题。然而，她拒绝回答，她总是不断询问，不断寻找，却从不思考，从不选择。

不接棒，便意味着不用负责，逃避的方式千千万，只要父母满意，只要父母不生气，一切都好办。我相信，孩子可以不接棒，一定是有人替他接棒，而千千万万焦虑而急切的父母很容易变成"理想的接棒者"。父母不停地催促着，焦虑地安排着，孩子呢，噘着嘴，心不甘情不愿地配合着，心里实在不想继续配合了，唯一的愿望就变成："要是父母不生气就好办了，我就轻松了。"父母实在忍不住失望和生气，孩子内心的委屈便升腾起来："你们以为我不难受吗？"父母被问住了："是不是真的是我们逼孩子太紧了？"

这是一种可悲的家庭模式，父母为了孩子活，孩子为了父母活，互相控制，互相妥协，最终两败俱伤。试问，这样的孩子怎会有动力上学呢？

面对这样的孩子，我问他们最多的问题是："你是怎么想的呢？""你有什么看法吗？"当然，一开始得到的回应大部分会是："我爸爸说我这是在逃避，医生你觉得我是吗？"抑或："我不知道啊，我没什么想法。"又或者思考了很久，抱歉地回答："我真的想不到。"我一方面需要不断地提醒自己，相信他们的潜力，他们是有能力有想法的，只是习惯了不思考，所有的能力都被尘封了起来；另一方面，我还要抑制自己想跳起来去找话题，去帮他们想办法的冲动，忍受不断的"冷场"和"沉默"，让自己不要急于去化解尴尬，这并不比滔滔不绝地谈话要来得轻松。时间怎么过得这么慢，一个小时怎么这么长，这是很长时间里我们共同的感觉。但我深知，表面的问题解决并不能真正地帮到这样的孩子，他们需要学着扛起属于自己的责任。

打死不扛，中途放弃的情况，也是常见的。一个 16 岁的男孩，在再次上学遇挫，想再次休学的时候，我依然告诉他："你想清楚你自己的选择，想清楚你想过什么样的生活。"他许久没说话。后来很长一段时间他没有再来，母亲转达说："他觉得没有坚持上学，无颜见医生。"他依然将上学当成是对医生或者是对父母的交代。除了叹息，我不知该如何回答。

没想到，两个月之后，他自己主动约了我，在绕了很多生活的话题之后，他开口说："我还是想上学的，但是我现在信心还是不够，我需要再准备一段时间。"虽然这个回答与大家期望中的顺利复学有所区别，在我听来却无比欣喜，他有了自己的决定，他愿意自己去做准备。

毕竟，从心理学的角度而言，上学只是一个外在表现，是孩子人生的一段必不可少的经历，而我们希望做的，是引导他形成积极的应对模式，而"为自己负责"，将是他未来人生中最重要的人格品质之一。

重返校园，是一种宣言，是孩子能迈出一步自己去解决问题的宣言；是父母可以尝试相信孩子的能力，放手让孩子自己去解决问题的宣言。这个过程，弥足珍贵，无论多久，都值得等待。

你们是喜欢
我的好成绩，还是喜欢我？

　　父母喜欢什么样的孩子呢？"别人家的孩子。"这样的孩子的标配包括学习成绩好、勤奋、上进、认真，再点缀式地加上懂礼貌、人际关系好、性格好……当然，所有的优点中排在第一的就是成绩好。只要成绩好，其他问题都是瑕不掩瑜。成绩好可以遮千丑，让普通的孩子都闪闪发光起来。"别人家的孩子怎么成绩那么好？"是所有心存不甘和嫉妒的家长的一个发问。

你认真观察过孩子除成绩以外其他方面的特点吗？你真的了解你的孩子吗？

"你们是喜欢我的好成绩，还是喜欢我？"对于这个问题，要理直气壮地给孩子一个让他信服的答案，其实不易。

一个三年级的孩子跟我说过他的困扰。他上一年级时成绩好，二三年级学习难度增加，他有点跟不上学习进度，特别是上了三年级之后，有些内容已经不太听得懂了，尤其是英语，单词总是记不住，一上英语课他就害怕。因为成绩下降很明显，爸爸天天盯着他学习，每次回家做作业他都很紧张，都是能拖就拖。他不无伤感地说："我觉得自己变笨了，有些很简单的题，爸爸反复讲很多遍，我都还是不会。""爸爸一看见我做作业就发脾气，横竖看我不顺眼，我喝口水都嫌耽误时间。"他叹了口气，沉重地说："我以前也是个优秀的孩子。"停了停，又说："以前大家对我的态度不是这样的。以前老师都是夸我，家里人也对我态度很好。"

于是，我了解到他以前的光辉历史。他从幼儿园开始学踢足球，在踢球方面颇有天赋，无论是体能还是技巧，他都是队友中的佼佼者。他上的小学是一个很重视足球的学校，他一进校，立即被当作种子选手培养，代表学校到其他地区参加比赛也是常事。那时候他成绩也很好，老师天天表扬他，看他的眼神里满是慈爱。爸爸妈妈看到他也是开心的，亲戚朋友也经常夸他，让他们自己的孩子向他学习。那时候的他觉得生活每天都充满了阳光，全世界对自己都很友好。现在完全不一样了，老师天天点名批评他，说他不认真听课，考试成绩一出来就当着全班同学说他不努力，成绩直线下降。

爸爸更是完全变了脸一般，特别是三年级下学期，眼看着他成绩越来越不像样，看他的眼神里便满是嫌弃。每次成绩出来，爸爸气得脸都绿了，对他轻则一顿臭骂，重则一顿狠打。妈妈虽然嘴上说不在意成绩，说只要他开心就好，却也从来没有阻止过爸爸，没有帮他说过任何话。妈妈说："你考零分都可以，只要你开心就好。"但他不相信，听着这样的话更难受，觉得妈妈是对他彻底失望了，不对他抱任何期待了。

他的原话是："现在全世界都嫌弃我了，巴不得我消失最好。"在他面对的世界里，成绩好，所有人都喜欢他，同学也喜欢跟他玩。成绩一旦不好了，全世界都翻了脸，都巴不得不要跟他扯上任何关系。

一个 9 岁孩子的世界，竟这般现实、残酷。

面临这样的状况，父母再多的申明——"不管你是什么样子，爸妈都爱你"，在现实面前都显得特别苍白无力。

还有一个正在上初中的厌学的孩子跟我说："感觉成绩才是我妈亲生的。"此话怎讲？她成绩并不是很好，特别是上了初中之后，学习得非常吃力，妈妈就给她报了很多补习班，各种网络课程、线下课程，只要听说哪个补习班好就督促她去上。妈妈平时在家跟她交流的话题也都是："作业写了吗？复习了吗？预习了吗？有不懂的要问老师，学习要用心……"反复地提醒，提醒得她很焦虑，生怕有什么没做好。大部分的时间，她都是跟妈妈相处，只是两人很少谈心，除了学习，她们似乎没有任何其他可以聊的话题，妈妈好像也没有兴趣知道她在学校有没有交朋友，心情好不好。当她试图跟妈妈聊这些的时候，妈妈的态度总是很敷衍，"嗯""哈"两声就完事。只有谈到学习，妈妈才会有兴致，滔滔不绝地说学习有多重要，成绩不好将来有多吃亏。

有一次暑假，她还没放假，妈妈就带着弟弟去外婆家住了，留她和奶奶、爸爸在家，爸爸经常出差、加班，所以大部分时间都是她面对着奶奶，她觉得没什么意思，一点都没有假期的感觉。更令她郁闷的是，妈妈有时候不忙了，就会打电话给她，却从来不会问她假期过得开不开心，有没有出去玩，甚至寒暄一下都没有，张口就是学习。"网课上了没有？上课的笔记要好好做，上完了课要及时复习。我今天又听老师说你上课走神了，没认真听？"她无法回应，只能耐着性子说："知道了，我会努力的。"要是没空呢？妈妈便会信息轰炸，发一长段一长段的语音，内容也都差不多，不外乎是叮嘱她，要学习，要复习，要做作业……每天上完补习课，女孩就一直忐忑不安，等待着妈妈的电话，有时候没有电话，她心里更不安起来，便盯着微信，因为里面会随时传来妈妈不厌其烦的声音。

果然，"学习"才是妈妈亲生的，自己好像是依附在"学习"这个亲生孩子身上的皮囊。

只是她的学习能力确实有限，成绩也一直提不起来，每天完成规定的学习任务已经非常吃力，难以用优异的成绩回报父母。她感受不到父母对她发自内心的关爱，仿佛她就是个学习的机器，只有成绩在妈妈眼中才是有吸引力的。

当然，这样使她对于学习也很难有动力，妈妈喜欢的是成绩好的自己，而那个自己，似乎遥不可及。无论如何，她都很难按照父母期待的样子去获得父母的认可，她心里充满无力感。

成绩不好的自己，会有人喜欢吗？爸妈会喜欢吗？她心里没底。

大多数父母喜欢什么样的孩子呢？"别人家的孩子。"这样的孩子的标配包括学习成绩好、勤奋、上进、认真，再点缀式地加上懂礼貌、人际关系好、性格好……当然，所有的优点中排在第一的就是成绩好。只要成绩好，其他问题都是瑕不掩瑜。成绩好可以遮千丑，让普通的孩子都闪闪发光起来。"别人家的孩子怎么成绩那么好？"是所有心存不甘和嫉妒的家长的一个发问。

在学校里这一标准就更加显而易见。有孩子跟我说："我们老师对成绩好的同学说话的语气都不一样。"很多成绩不好的同学是不敢去问老师问题的，因为老师总是还没开始讲题便数落一顿："上课有没有认真听啊，这么简单的都不会？"同学当然不敢说："我真的觉得很难，我真的不会。"只能低着头，等老师讲解。老师于是飞快地讲完一遍，可能是学生一开始被数落得心里胆怯了，也可能是老师高估了学生的理解能力，总之学生还是没听懂。我问："还敢再问吗？"孩子对我吐吐舌头："谁还敢再问啊，不怕再挨骂吗？而且看着老师那不耐烦的表情，我都恨不得找个地缝钻进去。"同样是因为身体不舒服请假，成绩差的孩子会被怀疑是撒谎，成绩好的同学会换来许多的关心和照顾。

差生的生存环境，着实艰难。

成绩好确实是一件好事，这是一个光环效应，就像我们看长得好看的人，总是习惯性地将他们和美好的品质联系起来一样，这是人之常情。就连在交朋友方面，成绩好的同学也更容易有朋友。家长们也更喜欢自己的孩子和成绩好的同学玩。甚至真的有家长只允许自己的孩子跟成绩好的同学玩："那些不学无术的差生，只会把你教坏。"且不论成绩不好的同学是不是都不学无术，至少这反映了很多家长的心声。成绩好，人品也不会差，对人肯定也很好，跟这样的人交朋友，才能上进。成绩好，在班级中就成为有朋友的筹码。那如果自己成绩不好，偏要跟成绩好的同学玩怎么办呢？新一轮的自卑由此引发。"我的朋友成绩都很好，只有我成绩是最差的，我总是感觉跟他们在一起自己矮一截。我很努力地学习，希望自己能够赶上他们。"

而成绩好的同学，不需要特别地去提升自己的人际交往能力，即使被动、高冷，也一样有同学会来主动接触。某一天，当成绩的光环消失的时候，他们就会措手不及。我曾见过一些小学时成绩优异，是老师的宠儿，走到哪里都自带光环的孩子，到初中之后成绩优势不再，渐渐变得孤单、沉默起来。

或许有人会说：现实原本就是如此残酷的。然而，过早地让孩子面对这样的残酷，真的能够激励他们勇往直前吗？

孩子如果期末考试没考好，假期就别想好过，寒假期间的春节更过不好。亲戚们会轮流问各个人的成绩，夸奖考得好的孩子，考得不好的孩子连说话的勇气都没有。只是，大家的注意力都放在考得好的孩子身上，对他们夸赞着、羡慕着、吹捧着，热闹非常，家长回过头再看看自己"不争气的孩子"，就更加气不打一处来，对其横看竖看都不顺眼。

这些孩子会厌学，也就不难理解了。成绩带给他们更多的是打击和伤害，而不是认同和肯定。就如一个孩子说的："我为什么要喜欢学习呢？"对于这样的一群孩子，我更在意的是他们如何找到自我认同的途径，若是因为成绩被一票否定了自我价值，他们能在今后的生活中找到属于自己的价值吗？

从厌学到自我厌弃之间的距离并没有我们以为的那么远，穿过成绩的雾障，看看孩子真实的样子，偶尔，是否也可以喜欢一下成绩没那么好的孩子呢？

故事 21

期待与厌学有关系吗?

父母没有说出口的想法和期待,是怎样进入孩子眼中,深入孩子内心的呢?我常说"母子连心""父子连心",这里的"连心"不单纯是指血缘铸就的关于基因与遗传的感应,更多的是指在一个家庭中默默流淌的氛围,它会让很多期待不言明,并且比语言更有杀伤力和威慑力。

期待与厌学有关系吗？

我曾经就这个问题问过很多家长："你对你的孩子有期待吗？对他的成绩要求高吗？"大多家长都是一脸困惑，猜想着孩子是不是跟我告状了，让我找家长兴师问罪，为他们讨回公道，于是立刻真诚地解释："我们对孩子的期待真的很简单，就希望他开开心心、平平凡凡地生活就行了，没有要求他要取得多大成就，也从来没有要求他要考到多少名，在家里也从来不批评他成绩不好。我们都是很开明的。"我满脸问号，这跟孩子感受到的状况完全不相符，难道父母所有的期待都是孩子的错觉，父母真的完全接纳他们自由发展？我再次确认："真的对孩子没有期待和要求吗？他考多少分都可以？"父母们于是再深思熟虑一番，慎重回答道："当然也不是完全没有期待，我们肯定还是希望他成绩好，将来找一份好工作，但是又担心提要求给他压力，所以一般都不说。"我来了兴趣："那你觉得你的孩子知道吗？"家长回答："应该不知道吧。"事实恰好相反，90% 的孩子都能感受到父母对他们有期待，不只是成绩，是各方面都有期待，只是父母从不明说。

奇怪的是，父母没有说出口的想法和期待，是怎样进入孩子眼中，深入孩子内心的呢？我常说"母子连心""父子连心"，这里的"连心"不单纯是指血缘铸就的关于基因与遗传的感应，更多的是指在一个家庭中默默流淌的氛围，它会让很多期待不言明，并且比语言更有杀伤力和威慑力。

我接触的孩子中有一个孩子很特别。她在广州一所省重点初中上初三，是从周边城市考到这所学校的。不出所料，在整个小学，她的成绩都一直稳坐班上头把交椅。只是在这个高手如云的学校，她头一次尝到了失败的滋味。初一的时候她还能勉强跟上班级的进度，但是成绩只在班上排中等水平，初三的时候，某些科目已经处于班级倒数。她是在一个重点学校，即使排最后，总分也是非常高的，但是，相对落后往往比绝对落后，更影响青少年对自己的评价。

但她表现得非常无所谓："我是不在意成绩的，成绩好又不代表一切。"她会根据自己的成绩水平选择朋友，成绩名列前茅的时候就跟名列前茅的同学玩，成绩中等的时候就跟中等的同学玩，现在成绩已经垫底了，她便跟班上为数不多的不怎么学习的同学打得火热。她性格活泼开朗，总是能找到适合自己的朋友。

另一方面，如果老师找她谈话，了解她为什么最近成绩下降，询问她："是不是听不懂？"她立马信心满满地回应："没有啊，我都会做啊，就是不知道为什么做出来没有分。"无论是学校的教学还是一对一的家教辅导，她都从不问问题。

她成绩下降之后，似乎变得更加"活泼开朗"，成了班级里搞怪、制造气氛的能手。她费尽心思，想尽办法逗同学开心，俨然一个"开心果"。通过这样的方式，她似乎重新找回了成为焦点的感觉。

老师着急得不行，几次三番找她谈话，她依然满脸无所谓。后来她被诊断出有严重的抑郁，对周围的人和事都丧失了信心，大部分时间都很难集中精力学习，一度在崩溃的边缘。她妈妈跟我说："我对她真的没有什么要求和期待，只要她健健康康、开开心心的，她读一个很普通的高中我都能接受。"经过一段时间的治疗，她的情绪问题有了明显的好转，新学期开学，原本打算休学的她，硬着头皮去了学校。但状况跟之前差不多，她再次担任了班级的"快乐大使"。

终于，她妈妈主动找到我，希望我跟孩子谈谈学习的事。妈妈很精准地分析了孩子目前状况的成因："她成绩比不上别人，但自尊心又很强，不愿意接受现实，于是假装不在意成绩，整天把精力放在其他不相干的地方，通过哗众取宠来获得关注和成就感。"我发自内心地佩服这位妈妈的一针见血，于是好奇地问："那你对她的学习是什么态度呢？"妈妈很坦诚："我感觉自己还是很开明的，对孩子基本是放养，不希望给她压力，只要她尽力就好。我自己也学过心理学，知道不能给孩子太高的期待，不然孩子可能会承受不了。"我心里暗想：难怪，原来是学过专业知识，所以能分析得那么到位。停了一下，她又补充道："但是我的朋友都说我对孩子期待很高，包括我的妹妹，都说以我这么要强的性格，不可能放养孩子，看我平时说话，跟孩子相处，都明显能感觉到我对孩子期待很高。"说着，她无奈地耸耸肩，表达自己的无辜和冤枉。我从不觉得父母不应该对孩子有所期待，所以并没有觉得她的做法有多不妥，我更感兴趣的是她的期待是如何传递给孩子的。

我问妈妈："你会跟你女儿谈希望她大概考到怎样的成绩你是满意的吗？"妈妈摇摇头："没有，我担心会给她压力。"我提醒她："但是她完全可以从你每次看完考试成绩的反应上推测出你大概期望的标准。这个猜的过程可能会引发更多的不确定性和焦虑。"妈妈若有所思。回去之后，她第一次正式地跟孩子谈了自己作为母亲对孩子成绩的看法和期待，表达了对孩子期待的理解，也真诚地说了一个母亲对孩子前途的关心。孩子没有马上就如释重负，但从之后的表现来看，孩子对于学习的积极性有了明显的提高，在跟我谈到"学习"的话题时也不再回避和掩饰，能够坦诚地说出遇到的困难，与我一起讨论解决方法。

"努力就好，尽力就好。"看似鼓励的话语，其实满含着巨大而不确定的期待。有个孩子跟我说："不管我考多少分，我爸妈永远是叫我'继续努力，争取下次更进步哦'，从来不会告诉我这次很不错。我考了满分还是要'继续努力'，我都不知道努力到什么时候是个头，好像没有止境一样。"没有确定标准的期待，给孩子展示的就像是看不到边界的海，因为茫茫无边，孩子很容易因为看不到希望而放弃。

　　现在很多家长怕给孩子定目标，怕告诉孩子自己心中真实的期待，会给孩子增加压力，因此，话到嘴边，都变成："没关系，你尽力就好，不要有压力，我们不在意成绩的。"即使心中着急得要命，生怕孩子不努力、不上进影响未来的前途，也要把这些话生生地咽下去。一方面，青少年心理问题的爆发，青春期孩子激烈的情绪表达，让父母把孩子看得非常脆弱；另一方面，心理知识，特别是青少年心理特点的普及工作完全没有跟上，心理疾病成了一个谈虎色变的虚无概念，没有评估标准，也没有参考案例，父母们只能小心翼翼地回避。在大部分孩子心中，都是希望父母对自己抱有期待的，并且希望父母明确地说出自己的期待，期待代表的是重视，是在乎，是不放弃。我接触到的很多家长都会在孩子出现心理问题之后，慌不择路地说："没关系，成绩不重要，上不上学也不重要，我们只要你健康快乐就行。"以为会安慰到孩子，减轻孩子的负担，没想到孩子并不买账："这样说，好像我是个废人了，什么都做不了一样，他们也对我彻底放弃了。"

　　期待本身并没有错，如何树立合理的期待，并且寻找到恰当的方式表达才是最关键的。

　　这里要提一个专业的心理学概念叫"最近发展区"。这是由苏联心理学家维果茨基提出的，他认为在确定儿童的发展目标，以及进行教学设计时，要使教育对学生的发展起主导和促进作用，就必须确立儿童发展的两种水平：一是他已经达到的发展水平，表现为儿童能够独立解决问题的智力水平；二是他可能达到的发展水平，即要借成人的帮助，在集体活动中，通过模仿，才能达到的解决问题水平。维果茨基特别指出："我们至少应该确定儿童发展水平的两种水平，如果不了解这两种水平，我们将不可能在每一个具体情况下，在儿童的发展进程与他受教育的可能性之间找到正确的关系。"而儿童在成人指导下借助成人的帮助所能达到解决问题的水平与在独立活动中所达到的解决问题的水平之间的差异，被称为

"最近发展区"。因此，"教育学不应当以儿童发展的昨天，而应当以儿童发展的明天为方向。只有这样，教育学才能在教学过程中激起那些目前尚处于最近发展区内的发展过程"。有一个对这一概念的通俗解释叫作"跳一跳，摘果子"。具体来说，儿童的学习行为就像是跳跃，不跳跃自然摘不到果子。但若果子太高，儿童跳起来够不着，那么"学习行为"就并没有真正发生，因为没有完成内部的建构，自然是失败的行为。

然而，自己到底能够跳多高，在成人的指导和帮助下自己到底能达到怎样的高度，这些标准如果完全依赖于孩子自己来评定显然不现实，而且可能会有较大的偏差。这就需要家长通过日常观察，通过仔细评估孩子的能力水平，跟孩子一起商量确定一个合理的目标，真诚地表达自己相信孩子能够达到这个目标，实现自己的期待。这个步骤在很多家庭中都是不存在的。现实中，很多父母这样指定目标：一种是跟其他孩子比较。"别人能考一百分为什么你不可以？""别人能安安静静地写作业为什么你不可以？""别人都能学会为什么你学不会？"另一种是设定一成不变、一劳永逸的目标，"考一百分""考全班第一""考全年级前十"。小学是这个标准，初中是这个标准，高中还是这个标准，完全不在意学业难度在不断增加等因素，想当然地坚定心中的目标。这就是前文所说的，孩子跳起来，发现果子还离自己一米远，不断地跳，想尽了办法，果子还是够不到，慢慢就"习得性无助"，连跳都不愿意跳了。

可能有些家长会觉得冤枉："我们都是跟孩子商量过的，他自己定的目标，自己说自己可以的。结果自己又做不到，总是说话不算话，我们怎么能不失望？"这也是亲子教育中常会出现的错位。

孩子因为成长经历有限，对自身能力评估缺少客观依据，容易根据一两次的成功高估自己的能力。再加上孩子急于表现自己，急于获得家人的认同，容易做不合乎实际情况的承诺，给予父母过高的期待。不明就里的家长会跟随着孩子的期待，引发自己的失望。果子的高度，孩子是否能够"跳一跳"就摘到，需要经验丰富的成年人确认，并且给予孩子恰当的指引和参考，不能全凭孩子按照想象中的标准决定事情的走向。

　　有位妈妈对于自己上初二的孩子玩手机的事情特别反感，特别是孩子成绩下降，学习动力不足，经常表示很烦躁，需要玩手机放松之后，只要一看到孩子玩手机，妈妈的脸便会不受控制地阴沉下来。双方经常因为手机的问题发生争执，关系弄得很僵。有一次，不知道是太阳打西边出来了，还是孩子突然想通了，暑假的时候他突然对妈妈说："我要戒掉手机，一点都不看，时间都用来学习和锻炼。"相信这是每位家长梦想中的孩子的承诺，妈妈高兴坏了，脸上长时间保持着欣慰的笑容。暑假有一个月的时间，孩子跟爸爸待在海南，真的没有带手机过去。据爸爸反馈，学习和锻炼也基本坚持做到，夫妻俩不住地感叹："孩子长大了，懂事了。"谁知开学之后，随着学习压力的增加，孩子烦躁的情绪也出现得更加频繁。孩子成绩很好，是老师当种子选手培养的对象，老师也期待孩子在各方面都能起到模范带头作用，当然，这并非易事。因此，每周末回到家，玩手机就成了孩子唯一的放松方式，甚至有好几次都不能按照约定的时间上交手机。妈妈百思不得其解："不是你自己说要戒掉手机吗？你之前都可以呀，你再试试看，对自己要求严格一点。"孩子毫不妥协，有时候烦躁起来就大发脾气。妈妈一说起来便垂泪，焦虑异常。

　　孩子在一次家庭治疗中，满脸的鼻涕和眼泪，指着妈妈悲愤地说："你总是不满意，我做什么你都不满意，你到底要我怎么样！"妈妈懵了："我没有想要你怎么样，我们是为你好。要求不是你自己提的吗？"孩子哭得更伤心了："我反悔了行不行？我做不到行不行？你不要再逼我了！"妈妈继续表示无辜："我们没有逼你呀，是你自己定的目标呀。"为了不让场面继续失控，我示意妈妈先让孩子冷静一下，鼓励孩子平静地表达自己的想法。孩子沉默了很久，才说："我在海南的时候也没有做到完全不玩手机，也有偷偷拿爸爸的手机玩，我现在放弃了，我不想逼自己，我做不到，我也承认自己不行。"爸爸在一旁帮孩子说话："他只是睡前玩一下，也能准时交还给我。"妈妈这时才说："我们也并不是完全反对他玩手机，只要他能控制时间，不影响学习就行。"然而，孩子脸上惊讶的表情反映了妈妈之前对手机的严厉管教。很明显，家庭成员之间没有讨论过可以接受的玩手机时间，只是通过制止、指责来表达彼此的想法和期待，结果引起误会。这也正是我鼓励他们回去做的事情，开诚布公地谈，共同寻找解决方案。孩子其实很懂事，只是较少表达内心的想法和感受，妈妈也多以指责来表达关心，才导致双方关系渐行渐远。误会解开之后，一系列的问题也就随之迎刃而解。

期待无错，合理表达期待，或许会为厌学的孩子打开一扇窗，抑或是提供如灯塔一般的方向，这些，对他们都将是莫大的帮助。

上学，到底是为谁？

孩子焦虑吗？他们焦虑的是什么呢？焦虑的是自己的前途吗？焦虑的是其他同龄人都在努力学习，自己却在虚度时光吗？还是焦虑将来会养不活自己，只能啃老？在我接触的大部分厌学的孩子中，以上这些焦虑并非完全没有，但这些焦虑更像是平静水面上偶尔投下的石子，是在稍稍提醒一下他们现实的存在。

焦点大部分都是指向父母的。他们焦虑的是没办法跟家长交代，焦虑的是家长会失望，会伤心，会不喜欢他们，严重地说，是会嫌弃他们，最终抛弃他们。

孩子不上学了，最焦虑的是谁？是孩子，还是父母？他们焦虑的焦点和方向一致吗？一个厌学的孩子，可以把整个家庭弄得乌烟瘴气，长时间低气压，家庭里的每个人都藏着自己的忧虑，从不表达，却又心照不宣。

我试图揭开这层焦虑的面纱。

孩子焦虑吗？他们焦虑的是什么呢？焦虑的是自己的前途吗？焦虑的是其他同龄人都在努力学习，自己却在虚度时光吗？还是焦虑将来会养不活自己，只能啃老？在我接触的大部分厌学的孩子中，以上这些焦虑并非完全没有，但这些焦虑更像是平静水面上偶尔投下的石子，是在稍稍提醒一下他们现实的存在。

焦点大部分都是指向父母的。他们焦虑的是没办法跟家长交代，焦虑的是家长会失望，会伤心，会不喜欢他们，严重地说，是会嫌弃他们，最终抛弃他们。

我很少听到厌学的孩子谈论未来的目标和生活规划，他们一边被自己的无助和自卑禁锢着，一边饱含着对父母的愧疚和忐忑，动弹不得。

而父母的焦虑会更有方向性——指向更长远的未来。不上学怎么办呢？没有学历，将来有什么出路？天天在家里待着，这么颓废，上不了大学，将来怎么找好工作？父母不可能养孩子一辈子，总有老的一天，到时候怎么办？

每到开学季，总会有无数这样的家长，急得像热锅上的蚂蚁，跟我报告他们孩子的一举一动：有没有去学校，今天是上学的第几天，孩子回来的脸色怎么样。家长说话都小心翼翼的，连大气都不敢出，接着就是一堆担忧："他作息还是没有完全调整过来，我很担心他过几天又不去上学了。""他回来脸色不太好，不知道是不是在学校过得不开心。""他比班上的同学大了一岁，不知道能不能融入，真是愁死人了。"

　　一个孩子跟我说："我不想去上学，但是又担心父母太难受。你能不能让我爸妈不要那么难受？"我没有正面回答他的问题，反问他："他们难不难受，跟你上学有什么关系呢？"他笑笑，很自然地回答道："他们不难受，我就可以安心地不去学校啦。"我恍然大悟，原来对于上学，他最在意的不是学习本身，也不是不上学对自己造成的影响，而仅仅是父母是否接受，会不会因为他不上学而心情不好。换句话说，他上学与不上学都不是为他自己，都是为了父母，而这个孩子，原本应该是一名高一的学生，在心理上却还没有形成完全的自我意识，去思考自己想要走的道路。

　　我于是问他："上不上学对你而言一点影响都没有吗？"我知道，这个孩子原本可以直接读高一的，但是因为没有考上理想的高中，才选择了复读重考，他的目标是进入当地的市重点高中。然而他现在的说法却一百八十度大转弯："我觉得读不读重点高中都没关系，之前是觉得上了好的学校脸上才有光，但现在我想通了，反正最后都是过普通的一生，上什么学校都无所谓。"他顿了顿，又说："我爸妈为了让我进现在的学校花了很多心血，我不去，对他们我会感到很愧疚。"我询问他："你为何那么坚定地认为自己去不了？"他低下头，满脸愁容："我很多时候大脑都一片空白，只能不断地刷手机来打发时间，我什么都不想想。"很显然，他是处于非常焦虑的状态，只是表面无所谓。"想到上学那么多人，我整个人就很烦，我觉得自己很丑、很差，没办法跟同学相处。"毫无征兆地，他又陷入了自我否定的泥潭中，认为自己一无是处。最后，他说出了他的解决方案："不上学，就什么问题都没有了。"经过一系列的思想斗争，他为自己找到了出路：为了应对焦虑，他宁愿放弃全部的渴望和期待。一步步往后退，不断自我放弃，他并未觉得有什么惋惜和遗憾，于他而言，不惜一切代价地从焦虑的泥沼中爬出来，才是最重要的。

他用逃避的方式处理自己的焦虑，对于父母的焦虑和失望，他却无能为力。找学校、报补习班，帮他补习上课，给他制订学习计划，全是父母一手包办，他全权信任父母的选择，依赖父母去为他解决一切问题。因此，如果不上学，他最在意的也是父母会伤心难受，这个 16 岁的孩子，还没有学会为自己的行为负责，而是与父母紧紧相连，揣测着他们的脸色和心情行事。他会不断问妈妈："我该怎么办？我该怎么办？"他鼓起勇气，对妈妈说出对爸爸的愧疚："为了我能上这所学校，爸爸跑了很多天，到处帮我找机会，我不去上学，心里很愧疚。我该怎么办？"妈妈被他问得焦虑无比，也六神无主起来。她努力开导孩子，又转身做丈夫的工作，让丈夫不要给孩子太大的压力，不要给孩子脸色。这些事情妈妈做起来得心应手，从孩子出生后，十几年来，她一直帮孩子做着所有能做的事。曾经有一段时间孩子跟爸爸关系很僵，只要一说话就会吵起来，妈妈不断在两人之间做着协调的工作。这就像一种不需要言语传达的默契，孩子皱一皱眉，她便不忍心，赶紧飞奔过去，帮助孩子。这种不忍心，也造就了天然为孩子承担大部分责任的教育方式，让孩子几乎不用自己思考和做选择。他一直像几岁的孩子一样，习惯看父母的眼神和表情去做选择，而不是依从自己内心的方向去选择自己的人生。为什么要上学？对他而言一直想不到答案，因此，他自己很清楚："我觉得考什么学校都无所谓，所以遇到困难我就没有动力坚持下去。"

他还没有学会为自己的选择负责任，去寻找自己的人生方向。读书？当然是为父母而读。又一年开学，他在焦虑纠结了近一个月之后，硬着头皮去了一天，便不肯再去。他见到我的时候有说不完的抱怨："老师第一天也没有让我介绍自己，就若无其事地让我到座位上坐下来，一点也没有重视我。""同学也很冷漠，不像之前班级的同学，也没人跟我打招呼。""学习压力好大，数学老师讲一道题，我才刚做了一半，他就已经讲下一道了，我跟都跟不上。""还要天天跑步，我跑了两圈就累得不行了，到现在腿还是酸的。"……"我坚持完一天，就下定决心再也不去学校了。"我听着他抱怨着学校的一切，想不到合适的回应。诚然，上学跟在家随心所欲相比，肯定是辛苦很多的，他因为辛苦选择不上学，就像一个小孩子，不满意的东西就不要一般，没有任何的思考和权衡。

但他已经 16 岁了。

"无论你长多大，在父母眼中你永远都还是个孩子。"在很长一段时间，这都是一句充满爱意，对亲子情感最温暖的表达。然而，我却发现，现今的亲子教育在践行这句话时，似乎哪里不对。永远是孩子，代表永远长不大，永远不能让家长放心，永远没有自己的想法和追求。空前繁盛的物质条件下，唯一的宝贝孩子，加之无法从实践中积累教育经验，让许多家长习惯一如既往地过度保护孩子。何谓一如既往，就是孩子成年之后，还当他是孩子，还无比负责任地去帮他善后，帮他铺路，总是对他不放心："他还是个孩子啊。"心中坚持这样的观点，数十年不变。因此，孩子读书为父母，这样的现象就不足为奇了。若是你问他："你不想为自己而活吗？"他会立马焦虑迷茫起来。拥有自由，也意味着要为自己的选择负责，这对从未离开过父母保护的孩子而言，是一件非常恐惧的事。

很多这类厌学的孩子，当他们选择休学或者冒出想要休学的念头的瞬间，头脑中浮现的都是父母失望、担忧的脸，连连摇头的表情。我认识一个初二的女孩，费尽心思好不容易让父母答应她休学，却在父母办完休学手续的第二天跟妈妈提出："要不我还是再回去上学试试？"把妈妈气得说不出话来。这种情况是比较少出现的，大部分孩子在办完休学手续的那一刻，就仿佛进入假期一般，有种迎来解脱的畅快，会立刻把学习的事情放在一边，兴奋地玩乐起来。刚休学就反悔的，听起来有点不可思议。她面带忧伤："我就是不想听我爸不停在那里说我不上学，将来没希望了，在家里我不管做什么他们都看我不顺眼。"我问："那你现在回学校能适应吗？"她沉默，没有回答。这样的选择更像是从一种焦虑逃避到另一种焦虑，来来回回寻找适合自己的地方，但总是徒劳。

还有一个女孩子在复学遇到困难，在学校里过得很煎熬的时候，不止一次地跟我说："好想再休学啊，但是这个话我不能对我妈说。"我被她这话引起了兴致："什么原因呢？"她叹一口气："跟我妈说了她肯定会崩溃的，我良心上过意不去。""你怎么那么确定妈妈会崩溃？"她很肯定地说："肯定的，我平时一提想请假，一在学校表现不好，她就好像天塌下来一样，整个人慌乱得不行，再提我要休学，她非疯不可！"妈妈会不会真的疯我不知道，但在孩子心中，对妈妈会崩溃的恐惧绝对是真实存在的。为了应对这样的恐惧，她可以继续撑下去。

不知道从什么时候开始，孩子上学成了为老师上，为家长上，考试是为学校考，为家长争光，这似乎成了一种常态，并不会让人觉得有任何不妥。至于上学本身的价值和意义，以及孩子学习的内在动力，成了天然被忽略的领域，甚至很多人在潜意识中认同：学习就是痛苦的，就是需要煎熬、需要硬撑下去，为了美好的未来，一定要上学。学习变成了为了遥远而缥缈的未来要忍受的一件事，享受学习，快乐学习，根本不可能。不可否认，学习并非一件轻松的事，但缺少自我意义感和价值感的学习过程，会使其变得面目可憎，人为地增加学习的恐怖程度。当附加的压力和关注不断黏合在学习上，孩子便会越来越无法了解学习的本来面目，会更加步履维艰。

家长可能会很奇怪："我每天都跟孩子说读书是为自己读，不是为父母读，考差了对父母又没有影响。"但真正能做到"不以成绩喜，不以成绩悲"的家长又有多少。这些，孩子都看在眼里，心知肚明。

我想起我跟一位家长之间的对话，家长尽力表达她的开明："我不在乎孩子考多少分，她只要努力了就行了。"我于是问："那怎么判断孩子有没有努力呢？"妈妈很自然地说："那当然是看他的成绩呀。"我忍住笑，这位妈妈丝毫没有发现自己言语中自相矛盾的地方，仍坚持自己开明、平等。只在意结果的家长，很难培养出在意过程、享受学习本身的孩子。成绩很多时候并不能完全代表学习过程，如何让孩子真正体会到学习的乐趣和意义，发掘出自身学习的原动力，才是最值得思考的问题。

故事 23

上学的意义是什么?

这些孩子,他们有强烈的孤独感和无意义感,他们从小都是好学生、乖学生。他们也特别需要得到别人的称许,但是他们有强烈的自杀意念,并不是真的想自杀,他们只是不知道,活着的价值和意义是什么。

"上学需要知道意义吗？你这么小不上学能去干吗？""每个人都上学，就你不上学，像话吗？""现在不上学，你以后能干什么？"

对于"上学的意义是什么"这样的问题，父母的回答通常有以上几种。从现实的角度，父母大概很难想通为何这会成为一个需要思考的问题。"吃饱了撑的"，大概能很准确地解释他们对此类问题的嗤之以鼻。

不过，确实有一部分孩子是因为找不到上学的意义而厌学的，深层次讲，是因为他们找不到人生的意义、活着的意义而厌学。

有个 12 岁的男孩，在省重点初中上学，他小学是在老家上的，后因父母工作调动，便跟随父母来到广州上初中。他凭借自己的努力考入省重点初中，而且在学校的成绩一直保持在年级前二十。于他而言，学习是一件很容易的事情，他总能轻松地完成学习任务，轻松地让成绩保持在年级前列。什么是努力学习，什么是勤奋努力换来成绩进步的成就感，他统统没有体验过。他的家境优渥，在物质条件上，他想要什么都能得到。

然而，他却在初一刚上了一半之后，开始拒绝上学，每天去学校都要跟父母经历一番斗智斗勇，请假也成了家常便饭。

他第一次见我就很直接地说："我也不知道我究竟是为什么不想上学，我觉得自己并不讨厌上学，与同学关系方面也没有明显的问题，我很少跟同学有矛盾，我成绩也不错……"仿佛自己都说服不了自己，找不到一个冠冕堂皇的厌学理由。接着他又滔滔不绝地谈起上学的重要性："我不是那种活得浑浑噩噩的人，我有自己明确的人生规划和目标。我不想平庸地过一辈子，我将来从事的职业一定要是光鲜的、人人羡慕的，所以我知道一定要上学，我很清楚上学的重要性。"我深信他理解他所说的全部理论，他也发自内心地认同这些理论。

而实际的情况是怎样呢?

他从初一下学期开始,可能因沉迷玩手机、打游戏及看小说,渐渐开始赖床,不愿上学,有时因上学的问题烦躁不安,他要求父母允许他每天玩两个小时的手机,父母妥协后他才能勉强坚持正常上学。他的情绪慢慢变得不稳定,经常因小事跟父母发生争执,严重时会乱摔家里的东西。初一放寒假后他沉迷打手机游戏,几乎每天打六个小时以上,经常日夜颠倒,被家人劝说时则大发脾气。新学期开始他便完全拒绝上学,终日在家打游戏。因为发脾气自己摔了手机,他命令父母马上拿去修或者买新的,父母怕他继续沉迷手机,没有立刻行动。后来他干脆绝食,威胁父母不买手机他就不吃东西。

种种迹象,都让家人认定他是因为游戏上瘾才像变了一个人似的,都是游戏惹的祸。

他对家庭情况的表述很坦诚,说父母都很忙,自己从小就习惯一个人在家,自己的事情自己解决。接着,他又强调:"我在学校与同学的相处都很好,整个年级六分之五的人都认识我。"我于是问他:"那你是有很多朋友吗?"他摇摇头:"我没有朋友。"想了想,又说:"或者说看你对朋友的定义是什么,在我的定义里,我没有朋友。"我尝试询问:"你对朋友的定义是什么呢?"他在那一刻突然收起拒人千里之外的"优秀"气质,露出低落的表情:"可以聊天的。"我于是知道他跟同学的相处方式,真的仅限于认识。每位同学看到他都打招呼,他在学校总是满脸笑容,一副无忧无虑的样子,跟同学嬉笑打闹,一旦放学回家,或者在周末,他便不会跟他们有任何联系,他不知道找什么理由去联系同学。

他跟人谈话总有一种距离感,他只表达自己好的方面,对于任何涉及自己需要帮助的内容,他都异常谨慎,飞快地转移话题。他反复跟我说他很好,也可以上学,只是想暂时放松一段时间而已,是父母太紧张,才让自己过来看心理医生。

他有一次摆沙盘，摆放了自己和游戏中认识的三个朋友一起在海边野餐的画面，他告诉我能认识这几个朋友觉得很开心，大家相处也很真诚，与自己在学校的朋友很不同。在初中，他已经明显感觉到了同学间的"明争暗斗"，他跟同学都是戴着"面具"相处，对每个人都是笑脸盈盈的，从不发脾气，也从不跟任何人发生矛盾。这是一种有距离感的礼貌和客气。"他们心里都盼着我成绩掉下来。"他面无表情地说。我相信他所在的学校竞争激烈，但同学难道都天天盼着他成绩下降，好让自己的排名上升吗？我不禁打个寒战：一个十来岁的孩子认定周围的同学对自己都没有基本的善意，处境该是多么令人焦虑和无助。

他从小对父母的印象都是"很忙"，他们似乎永远都在忙，没有能真正跟他放松交流的时间。父母唯一关注的就是他的学习成绩，平时跟他谈论的话题也主要局限于：要努力学习，成绩很重要。"还有其他互动吗？"我问。他想了想："其他的大概就是我想要什么都给我买吧。"他的眼神里都是落寞。

他从小就是公认的聪明孩子，什么事情都能轻松搞定，他不知道什么叫努力之后的成就感，他不会交朋友，不知道怎么跟周围的同学真诚地相处。家庭里没有温暖，他不愿回家，宁愿在外面到处游荡。

他说："我能在游戏里找到归属感。除此之外，我不知道做其他事情有什么意义。"其他事情，当然也包括上学。

我还接待过一个六年级的小女孩。她告诉妈妈她情绪很不好，有轻生的念头，并且反复提了很多次。妈妈大多数时候的反应都是："每个人都有烦恼，生活就是这样，你要自己调整。"后来这位妈妈看着孩子的情绪问题越来越严重，不得不带她来看心理医生。妈妈找到我，说的第一句话是："我最担心的就是她觉得自己生病了，就可以不好好学习了，就自己放松了。医生你知道，现在社会竞争压力这么大，只能靠自己奋斗。"接着补充说："我从小的家庭教育跟她比，不知道压力要大多少倍，我都能撑过来，为什么她不能？以前她的外婆对我，那才叫严格，她现在不知道多幸福。"

妈妈不接受女孩的情绪，也不相信她真的会有轻生的念头。妈妈最担心的是孩子以此为借口，放松学习，慢慢厌学。在妈妈的概念里，人活着就要努力奋斗，什么都要做到最好，用孩子的话说："要做到完美，要做第一，不然就没有任何意义。"她是这样要求自己的，也这样要求自己孩子的。按照这样的观念，一旦放松，人便会有惰性，就没有动力奋斗。

女孩小升初发挥良好，加上电脑派位中运气好，她即将到省重点初中上学，这是一件很荣耀的事情。我问她："你开心吗？"她说："本来以为我会很开心，看到录取通知书的时候，稍稍有点开心，但是后来就什么感觉都没有了。"她干笑一下，情绪复杂地说："我妈很开心，还发了朋友圈。"说完，又莫名地笑笑。

她说："我有时候很自大，有时候又很自卑。"她跟身边的同学格格不入，觉得他们都很幼稚。她喜欢看书，看很多她的同龄人不会看的小说，比如《红楼梦》，虽然有些地方她也看不懂。她写的文章总是被老师评价为"太成熟""没有童真"，但妈妈总是夸奖她写得好，她说："那是我妈为数不多的发自内心地夸奖我。"妈妈于是联系自己出版社的朋友，希望帮她出版她的文章，结果得到的反馈是："文字太成熟了，不像小学生的文字，要童真一点才合适。"她很无奈，在得知她的年龄之前，大家都说她的文章写得好，一旦知道她的年龄，就觉得很奇怪，无法再欣赏。她写的都是悲伤的短篇小说，全都是悲剧故事。

无论她怎么努力，她的成绩大部分时候是比不上其他人的。虽然妈妈积极地为她报各种补习班，努力把她打造成优秀的小孩，但最终都是徒劳。

她白天有事情做的时候还好，一到晚上，她就无意识地开始想人生意义的问题，觉得莫名地空虚，怎么想都想不到活着有什么意义，绝望便慢慢包围着她。有时候她会用刀割自己的手臂，看着血流出来，心里能稍微轻松一点。

上学的意义究竟是什么呢？

考个好大学，找份好工作，过稳定的生活？完成父母的心愿？

有个高考状元说，他感觉自己在一个四分五裂的小岛上，不知道自己在干什么，要得到什么样的东西，时不时感到恐惧。19 年来，他从来没有为自己活过，也从来没有真正活过，所以他才会想轻易地放弃自己的生命。

还有一位同学告诉我："学习好、工作好是基本的要求，如果学习不够好、工作不够好，我就活不下去。但也不是说因为学习好、工作好了我就开心了，我不知道为什么要活着，我总是对自己不满足，总是想各方面做得更好，但是这样的人生似乎没有尽头。"

这里涉及一个很早就被提出来的概念，叫"空心病"。什么叫空心病？

空心病看起来像是抑郁症，人的情绪低落、兴趣减退、快感缺乏，如果到医院精神科，一定会被诊断为抑郁症，但是问题是所有药物对他都无效。

这些孩子，他们有强烈的孤独感和无意义感，他们从小都是好学生、乖学生。他们也特别需要得到别人的称许，但是他们有强烈的自杀意念，并不是真的想自杀，他们只是不知道为什么活下去，活着的价值和意义是什么。

核心问题是缺乏支撑其意义感和存在感的价值观。

空心病的概念是指经常有强烈的孤独感和无意义感，找不到自己的人生意义，缺乏支撑其意义感和存在感的价值观。

直白地说，就是找不到生活的意义，无法理解生存下去的理由。但很多家长对此完全无法理解，不屑地表示："纯粹闲的。"

那些得空心病的孩子，他们为什么找不到自己？

因为他们的父母和老师都只让他们单纯地追求分数，追求成功，"多考一分，干掉千人"这样的唱调甚至出现在很多老师身上。

他们只教会了孩子如何赢得分数的竞争，却未教会孩子怎样有价值、有意义地活着。在网上，我看到一个家长在朋友圈晒了一张"孩子作息时间表"，孩子除了周一到周五学校正常的课程之外，还有古文、钢琴、游泳、英语、拉丁舞等九种课外学习。孩子的妈妈说："我的每个安排都是有目的的，跆拳道是为了锻炼身体，增加男子气概；弹钢琴是为了培养艺术天赋；学英语是为留学做准备；练毛笔字是磨炼他的性子……"每句话，都离不开"有用""目的"，可家长选择的"有用"教育，真的是孩子喜欢的、有意义的吗?

使劲鼓捣着报各种培训班，头破血流买学区房，这不叫教育。梁启超在《学问之趣味》中写道："凡人必常常生活于趣味之中，生活才有价值。若哭丧着脸挨过几十年，那么生命便成为沙漠，要来何用?"

让孩子哭丧着脸去追求父母设置的目标，接受被安排的教育，在灿烂的少年时代却过着沙漠化的人生，真的好吗?

故事 24

上学，会伤自尊吗？

有一部分孩子不愿意上学，其实是在保护自己脆弱的自尊。这就好比有些孩子会故意表现得自己学习不努力，吊儿郎当，不是因为他不在意学习，而是怕投入时间和精力，很努力地付出之后，结果依然不好，这样就再也找不到一个合适的理由来保护自己的自尊。而不努力就可以演绎出很多理由：我反正也没怎么认真；我就是不想好好学习；我只是没有努力而已，我要是努力了绝对不只是这样。

我将用厌学作为对自尊的保护视作"不努力"的升级版，二者具有异曲同工的效果。

一个休学三年的孩子，好不容易鼓起勇气回到学校，第一天便备受打击。

数学以前是他最擅长的科目，不用付出很多时间精力，就能拿到高分。现在听数学老师讲课，他要很吃力才能跟上老师的思路，随堂练习题布置下来，同学们全都"唰唰唰"很快计算出答案，一副很轻松的样子，他却要想很久才能找到解题思路，才刚算到一半，老师已经开始讲下一道题了，并且会附带一句口头禅："这道题这么简单，我不讲你们都会的。"这话在他听来，仿佛万箭穿心，每一支箭上都写着"你怎么这么笨"几个字，让他恨不得找个缝隙钻进去。我帮他分析："但是你初一初二几乎都没上，三年都没怎么做题练习了，相比于一直在题海战术中浸泡的同学，灵敏度肯定有差距。"他满脸愁容，有气无力地回答："这个道理我也知道，但是我暑假也补习了，家教教我的时候我都能跟得上，当时还很有信心。"我心想，那是当然，家教是针对你的状况来设计进度的，现在班级的老师是要照顾到大部分人的水平，不过我忍住没有说出口。他继续表达无奈和受到的打击："我从来没有经受过这样的挫败，这个学校本来就很普通，我本来是打算去考第一，吓吓同学们的，没想到却是这样，太丢脸了。"

老师在他第一天到学校的时候没有介绍他，也没有让他自我介绍，没有同学主动跟他说话，也没有人跟他打招呼，他在学校就仿佛是透明的。他中午去吃饭，其他人都是三三两两坐在一起，只有他是一个人。下课的时候同学们都在聊天，他插不上话，一个人坐在位子上呆呆的。周围的同学他一个都不认识，没有人跟他说话，他坐在自己的位子上不知所措，紧张异常。这个孩子长相帅气，在以前的班上成绩优异，足球踢得很好，是风云人物一般的存在，现在却遭受这样的冷遇，对他而言简直是一种耻辱。"我感觉我坐在班上就像是多余的，太丢脸了。我都找角落的位子，生怕其他人看到我。"

因为要体育中考，学校对体育抓得很紧，每天都有固定时间的跑步拉练，他以前是足球特长生，而且是校队的种子选手，跑步对他来说就像玩一样。然而，休学的几年中，他几乎无事不出门，偶尔出去爬爬山也都是一个小时左右，基本不会出什么汗，生活过得像退休老人一般，游戏成了他唯一的寄托。自然，他的体能跟以前比也退化得厉害，跑几圈就累得不行，大口喘气，全身酸痛，他形容："跑最后一圈我感觉自己快要死了。"好不容易硬撑下来了，他反复跟我强调，真的很难受，好多天之后他的腿还是酸痛的，太痛苦了。他没想到自己的体力会变得这么差，他以前一直是"运动健将"，他接受不了自己突然变得这么弱。

上了一天学，在家里待了四天之后，他跟我谈论的都是在学校遇到的困难，以及不断丢脸的体验。这一天的上学经历，每一刻、每一件事都伤害着他脆弱的自尊心，让他感觉无比羞耻，让他信心全无。

从第一天在学校跑完步，他就下定决心再也不上学了。果然，在之后的几天，一直到见我的时候，他已经有一周没去学校，只是碍于父母为他上学的张罗和付出，才一直不敢跟父母明说。他对我说："如果我不上学了，我也不会再来见你了，'无颜见江东父老'。"他说完，不自然地笑笑。我一时不知道该做什么表情，记忆中当时应该是"哭笑不得"的表情，我不知道该如何跟他解释，让他理解我绝不会因为他上不了学或者在学校做得不好而失望或者轻视他。他用半开玩笑的口气说着这句话，我却有些不寒而栗。他是一个很"乖"的来访者，从不迟到，甚至几乎不请假，他会表达这样的意愿，一定是经过深思熟虑的。不去上学，没有比较，他就还是那个优秀的他，一如从前。

后来，他果然没有再去上学，也没有再回来做心理咨询。妈妈反馈说他情绪挺好的，在家里玩玩游戏，爬爬山，状态看起来不错。家人对他的恢复是满意的，因为这个孩子刚找到我的时候因为无法上学，信心受到极大的打击，整个人非常消极悲观，不愿意出门，整天想结束生命。目前，他能够坦然接受现状，打算休学之后去读职高，家人已经非常欣慰。我却始终带着遗憾，我深知：他为了逃避所有对自己自尊心的伤害，选择干脆什么挑战都不去面对，以此来维护自己一直很优秀的形象，为此放弃多少发展机会，都在所不惜。不知若干年后他是否会后悔呢？

不做便不会错，便不用面对自己的无能与无助，这是一种孩子保护自己的全能自恋方式方法。全能自恋，在婴儿期的孩子身上最为明显，一岁以前的孩子自我行动力非常弱，却对母亲有着"随叫随到"的支配能力，无论是渴了、饿了、困了，抑或只是无聊了，只要他一哭，母亲就会立马飞奔过来，满足他的需要。这样完全支配母亲的感觉，形成了婴儿最初对自己力量的评判，认为自己无所不能，能够做到所有想做的事情。随着婴儿的成长，这样的自恋会不断受挫，因为随着孩子的长大，母亲无法再满足孩子所有的需要，孩子会遭受拒绝，会经历失望。而这个受挫的过程也是必需且有意义的，是在挫败婴儿的"全能感"，让他能够更客观地看待自身的能力，看待自己与外界他人的关系。

而我接触的很多孩子，特别是从小是"天之骄子"，是老师、同学、家长宠儿的孩子，并没有经历这个过程。可能在他们的小学或者初中阶段，一直都是一帆风顺，因为成绩好便能轻松获得所有宠爱的。一路走来，他们的"全能感"从未被挫败，他们一直在完美的幻象中生活，于是就有了"我从没想过我会考这么差""我从没想过有一天我会没有朋友"的心理落差。

然而，凭什么你就不能失败，不能做不好呢？

　　我遇到过一个从初中开始就反反复复抑郁，总是会在考试或者学习压力大的情况下复发的孩子，这样的状况一直持续到高三。整个小学阶段她都一直是班长，成绩班级第一，且因为长相可爱，为人热情，一直是班级里最受宠的。她是家里唯一的孩子，爷爷、奶奶、爸爸、妈妈，所有人都围绕着她转；她是邻居、亲戚、朋友眼中的"别人家的孩子"，人人羡慕的对象。常会有人向她的爸爸妈妈取经："怎么把孩子教得这么好呢？"父母虽然口头上谦虚，心里却在窃喜。

　　这样的状况，到初二时彻底改变了。初中时她考进了当地的重点中学，学校竞争激烈。她的成绩虽然也不错，但跟小学时完全没法比，她不再是老师的宠儿、人群的焦点。她人际交往的问题也逐渐显现出来，因为自小优秀，众星捧月，她渐渐养成了唯我独尊的个性。小学时大家都忍耐着，加上她确实优秀，很多小朋友愿意跟她交朋友。初中之后不再有人迁就她，她很快便遭遇了"无朋友可交"的尴尬境地，在学校大部分时间她都是独来独往。这样的状况持续到初二，她抑郁症发作，开始断断续续上学，每到考试就抑郁严重，困倦不已，无法起床。她艰难地读完了初中。

　　中考时，她坚决不考。父母不知所措，只能依着她。第一次中考，她没有参加，中考三天，她在家里躺了三天，足不出户，日夜颠倒。

　　后来，她又后悔了，想上高中，父母只能找培训机构让她复习。她勉强参加完中考，成绩却并不尽如人意，最后只能上私立高中。高一时，因为在普通班，所以虽然经常请假，但基础比较好的她，有了稳坐第一的机会，其考试分数远远超过第二名，她再次担任班长。这是她自初中以来状态最好的一个阶段。她准时上学，准时考试，跟班上每位同学都相处得很好，同学再次以仰望的眼光看她。她的抑郁仿佛完全好了，没再出现任何症状。高二分班，她作为种子选手被分到了重点班，虽然成绩名列前茅，但明显压力更大，班级的竞争也更激烈。出乎所有人意料，她的状况再次变化，一到考试前，抑郁状况便加重，她起不了床，怎么睡都还是困，不想出门，什么事都不想做。高二、高三两年时间中，她参加的考试屈指可数，大部分都是非常有把握或者不得不参加的考试。面临高考，她焦虑异常，担心自己无法坚持考试，担心这么多年的辛苦努力都白费。

她跟我说："我不敢再爱学习。"我疑惑地望着她，她接着说："从初中开始，学习带给我的伤害太多了，太多对学习的付出没有回报了。"是啊，就像全身心投入爱一个人对方却全然没有任何回应一样，爱学习，努力投入，成绩却不尽如人意，同样伤自尊。为了保护自己脆弱的自尊心，她选择不考试，选择经常请假，同学、老师给她的评价是："你这么经常请假，成绩都还可以这样，已经很不错了。"她需要这样的安慰和自我安慰。

只是，这就像一个死循环，越保护，自尊心越脆弱，越陷入虚幻的"自恋"中无法自拔。接受人都会失败，自己永远不可能什么都做得好，放开紧紧包裹的自尊心，才是真正的解决之道。

生病了，我就可以不上学

用身体来为"内心说话"的病，都极有"个性"，而且能帮助孩子们表达无法言说的内心感受，得到一直求而不得的"理想生活"。而对在学校受挫的孩子来说，理想生活便是不用上学。

谁会希望生病呢？

傻瓜吗？

非也。这群孩子可不傻，非但不傻，还几乎都是或者至少曾经是成绩优异的好学生。他们的"病"也奇怪，不痛不痒，所有的身体检查都是健康正常的，然而，他们的痛苦又是那样真实，症状也是那么明显，家人焦虑着急，却也无可奈何。

我们称这种现象为用身体来为"内心说话"。这些病，都极有"个性"，而且能帮助孩子们表达无法言说的内心感受，得到一直求而不得的"理想生活"。而对在学校受挫的孩子来说，理想生活便是不用上学。

这个小女孩才刚 10 岁，却已经持续一年不明原因地头晕、发作性的呼吸急促。这一年时间里，父母带她四处求医，帮她办了休学，把之前一直受宠的弟弟送回老家上学。原本因为开工厂而无比忙碌的父母，推掉所有事情，全职陪她，特别是妈妈，几乎跟她寸步不离。

她很镇定地跟我描述她第一次发病的经过：她本来好端端地在写作业，弟弟突然一只鞋子飞过来，打中了她，她心里很气愤，不过没有发作，只是低头不说话，后来慢慢就感觉呼吸加快、加深、喘不过气来，像哮喘发作一般气促起来，而且头非常晕。我于是问她："那你家人这时候怎么做的呢？"她便答："他们都围着我，叫我放松，但是我好像控制不了自己的身体。""能听到他们说话吗？"她认真想了想说："能听到说话声，但感觉很遥远，听不清。我整个人迷迷糊糊的，不知道自己做了什么。"无奈，家里的爷爷奶奶立马将父母叫来，将她送到医院，做了全身检查，又是打吊针，又是吸氧，两天之后她的情况才慢慢好转，出院回家。这两天家人非常紧张，寸步不离地守着她，对她的态度也是前所未有的好，好吃的好玩的供着，当然，这也是我们通常对待生病孩子的一种关爱方式。家人看她慢慢好起来了，就送她回学校上学。她只在学校待了半天，就待不下去了，头晕得厉害，天旋地转一般。家人只能把她接回家里，但是她在家里也是一看见书本就头晕，气促的情况每两三天就会发作，家人没办法，只能让她一直在家待着，差不多一年的时间她都没有去上学。

现在，爸爸妈妈，特别是妈妈，几乎天天陪着她，主要的工作就是带她到各地看病。不论怎么治疗，她都非常配合，认真按照医生说的去做。妈妈对待病中的她几乎是有求必应的。因为她吃饭少，妈妈也会千方百计想办法哄她吃饭。妈妈有时候会抱怨："她生病之后好像变幼稚了，任性了。"不过，这并不妨碍她每次跟妈妈一起出现，都开心幸福，靠在妈妈身上撒着娇。

原本应该上四年级的她，对学习不是完全没有担忧的，她说："四年级的课程好难，我很多都听不懂。"又说："我缺了这么多课，缺了那么多作业，肯定跟不上。"我问她："在家里会觉得无聊吗？"她摇摇头："不无聊啊，挺好的。"我又问："想去上学吗？"她点点头："想啊，但是我现在生病，我也没办法。"

的确，孩子心里认为：我都已经生病了，难道你还要勉强我上学吗？你于心何忍？

第二个孩子更特别，她每到考试之前就犯病，平时吃喝玩乐，都好好的，让人摸不着头脑。

第一次犯病是在小升初考试前。考前一周她突然发起高烧来，退烧后逐渐变得表情呆呆的，回到学校后，跟同学相处时她反应迟钝甚至没有反应。她意识不清，昏昏沉沉，当然，也就听不了课，做不了题目。同学、老师都觉得奇怪，无法理解，劝其回家休养。回家后，情况更糟，她基本不说话，大部分时间都在睡觉，叫也叫不醒，除了吃饭，其他时间都在床上昏睡，严重的时候连洗澡、换衣服都要家人帮忙。结果小升初的考试她便没考，直接派位进了初中。这之后就更奇怪了，虽然上了初中，但每到考试她都会准时犯病，上了两年初中，她只考了一两次考试，老师非常无奈，只能摇头叹息。

后来，她在学校跟同学难以相处，因为体形稍胖，经常被同学取笑，在跟唯一的好朋友闹翻之后，她以"老师讲课太慢，还不如自己在家自习"为由，直接改成在家学习。老师因为她的病也对她特别照顾，她基本不用考勤，大家对她回校与否也很少关注。她便果真在家学习起来，甚至比班上一半以上的同学学得都要好，不过，她大部分考试仍然是不去的，每到考试之前也必然犯病，整个人迷迷糊糊，昏睡不醒，眼神呆滞，仿佛灵魂被抽走了一般。

她来见我时说的第一句话，也特别有意思："我不觉得我考试有压力，我觉得自己学得挺好的。"我看着她，微笑着说："我没有说你学得不好啊。"接着，她便滔滔不绝地说起来家人对她如何好，如何宠溺她，强调她从小到大，想要的东西几乎没有要不到的。她补充说："即使父母当时不愿意给我，我撒一下娇，发一下脾气，还是能得到的。"又举例子："特别是妈妈，真的是把我当宝贝一般，我长这么大，从来没有自己吹过头发，都是妈妈帮我吹，我到现在都还不会吹头发。"我望着眼前这个初二的学生，心想：原来她不会吹头发，接着继续听她讲下去。她又给我证明，家里另一个人也对她很好："姐姐小时候觉得家人偏心，偶尔会欺负我，但是现在她长大了，懂事了，现在也很宠我。"是的，她有一个大她 10 岁的姐姐，跟父母一起，履行着对她的教育责任。

我满心疑问，很少有孩子来到我这里跟我讲她家人对她如何好的，更多的是倒苦水，或者直接表达希望我去教育他们的父母一番。在孩子的观念里，心理医生是可以作为帮手的。她完全不同，她跟我一个陌生人讲家人许多的好，到底想表达什么呢？

　　说起学校来，她却完全是另一种口气，异常愤怒。因为长得较胖，好几个调皮的男孩子都给她取绰号，几乎忘了她的名字。她说："我们班都没几个人是想学习的，教室里整天闹哄哄的，我想学都学不进去。"又说："老师也不怎么管我们了，上完课就走，我趴着睡觉，一上午都不听讲，老师也不管。"接着，她补充了一个重要的信息："我隔一段时间会回一下学校，但是老师、同学好像没看到我一样，也不问候我一声，老师也当我不存在一般，照样讲她的课，我回不回班级，跟他们一点关系都没有。"她分析的理由是："可能老师觉得我的成绩也一般，也不想管我了，只要我不给她添麻烦就行了。"我问："老师不是怕管你吗？"她很惊讶，立刻否认："怎么可能，她怎么怕管我？"

　　她希望老师、同学是重视她、在意她的，只是，当他们将注意力放在她身上的时候，她又不知如何去面对这样的在意。

　　初一时，语文老师是班主任，对学生很严厉，但对这个孩子很看好，就让她当了课代表，去记不认真完成作业的同学名单。她老老实实地记了，交上去，那些同学少不得挨一顿批评。有的同学会因此埋怨她，她心里很委屈，不过在同学面前她一直和和气气的，不说半点重话，也从不发脾气，所有情绪都压在心里。有一次因为犯病隔了一段时间再回校，她发现同学们好像没有了说她的兴致，她突然找到了应对方法，并且屡试不爽。

　　来治疗了两三次之后，她认为自己完全好了，便中断了治疗。

　　在中断治疗约半年后，其母亲再次联系我，反复劝说才将她带过来。她一坐下来便话不停口，基本不需要我问问题就自己滔滔不绝地说起来。她不观察我的表情，一直低着头玩沙子，说自己想到的话题。她说得最多的是自己这一年都没怎么去学校，每周最多去一两天，但是成绩出来在班上都是中上水平，同学都很佩服自己，但自己并不满意，觉得自己的水平不只是这样，希望考得更好。她跟我描述她在病中的状态：整个人都是迷迷糊糊的，不知道自己说了什么做了什么，每到考试就会发病，现今只考过一次月考，当时也是发病，迷迷糊糊的，都不知道自己怎么进的教室，怎么做完的考试题目，但是成绩出来还不错。她觉得自己有天分，学东西比别人快，但就是懒，不想做练习题，看一下书觉得懂了就算了，很少做作业，但老师也不在意。言下之意，如果她认真学，成绩一定不得了。

有时候，她会突然带着失落的语气说："班上大部分同学都是不怎么学习的，特别是男同学，比女生的成绩差很多，但他们除了学习不好，其他方面都很厉害，比如，很会组织活动，打篮球也很厉害。而我除了成绩好一点没有其他的优势了。"所以，学习成绩，于她而言，是全部的自尊和信心的来源。

接着，她又补充道："但是我真的不觉得考试有压力呀。我很喜欢考试的。"我心想：你当然感受不到压力了，你的身体帮你表达了，简单直接，不用经过大脑神经去体验，因此，你没有焦虑和痛苦。而且，身体还直接瘫倒，以至于"无法自理"，都这样了，当然就无法考试了。不去考，就不会考差，就不会失败，就能不断告诉自己：我如果认真做，成绩一定好过所有人。当然，我并没有将这些话说出口，我明白这样的防御对于她的意义，她不去面对，她用生病这个壳把自己包裹起来，是迫不得已，她沉迷其中且无法自拔。

很长时间里，我总是不理解这些孩子，我也经常问他们："打针吃药不难受吗？""不担心自己的病好不了吗？"他们总是回答得很干脆："不会呀，也不怎么难受。"这种情形也许可以解释为，这点痛苦，跟他们要面对的学习压力和恐惧比起来，根本不值一提。他们藏在"生病"的壳里，像寄居蟹保护自己柔软的身体一般，偶尔探出头来看看外面的世界，便立刻警觉地缩回去，在他们确信外界足够安全之前，他们都会一直这样躲下去。

然而，这并不是"装病"，这是"心理需要的躯体化表达"，帮助他们用语言来表达自己的恐惧和无助是第一步，让他们重建对周围环境的信任，相信即使不生病，身边的人也能理解他们的情绪是关键。任何强硬的"指责""拆穿"都只会让他们越来越往壳里缩，最终适得其反。

所谓，心病还需心药医。

故事 26

我不能就在家里学习吗？

这个世界上，原本就不存在上了大学，孩子就一定能成长这样的道理，问题应对模式会伴随着人生每个阶段，除非我们刻意去调整。孩子在家里学习，即使学习成绩优秀，也不代表问题彻底解决了。孩子适应集体生活的能力，敢于面对困难和挫折的能力，能够离开家的能力，才是他适应社会的必备。

"为什么我不能就在家里学习呢？应试教育问题那么多，学校仿佛是一个压抑我个性和创造力的牢笼，还有那么多乱七八糟的事情占用我的时间。在家里学习，我可以自由支配自己的时间，把时间利用到最大化，还可以听网课，听名家来讲，效率不是更高吗？"

我们先不回答这些问题，先来看几个案例。

我曾见过一个 14 岁正在上初二的女孩。她是在刚上初一时出现情绪问题的。小升初到新学校，新学校校规严格，要求女同学头发不能过肩。从小到大，她都留着长发，除了基础修剪，从来没剪短过。入学时她不愿意剪头发，被老师当众批评，并且老师对她进行了思想教育："学校的校规校纪人人都遵守，就你特殊吗？"一番批判教育下，她只能妥协，哭着剪了短发。头发很快会长长，每个月都要剪发，于是，她每个月都会为自己的头发哭泣一场。这件事成为导火线，她开始表现出对学校的诸多不满，认为老师不讲道理，她和同学几乎不交流，大部分时间都是独来独往。她每天最盼望的事情就是放学回家，一回到家，心情立马由阴转晴，在学校受的所有委屈都有了安放的地方。她只要见到父母，就反复提想转学的事情，不断跟父母，特别是妈妈抱怨自己在学校有多辛苦，这个学校有多差，其实她就读的是当地数一数二的重点高中，却在她口中被批得一文不值。

父母无奈，在她升初二时帮她办理了转学，把她转到一所私立学校。但新学校要求住宿，她从未长时间离开过家，加上原本就有轻微洁癖，要让她跟好几个同学生活在一起，是前所未有的挑战。她在宿舍里基本不跟人说话，在班级里也不愿与人交往，一直独来独往。从小到大，她都没试过主动交朋友，小学时因为她成绩很突出，有一两个女孩子很佩服她，主动跟她交好，她就这样还算平稳地度过了小学生涯。上初中之后，大家不在同一个班，慢慢也就疏远了。初中两个学校给她的第一印象都是挑战，都是要改变她原来习惯的生活方式，因此，她从踏进校门的那一刻起，自己就筑起了一道墙，上面写着"生人勿近"，加之她平时心情低落，大部分时间都是板着脸，同学便更不敢接近她。每天她的固定安排就是寻找一切可能的机会给妈妈打电话，不断哭诉："在学校好难受。""我吃不下饭，什么都不想吃。""我肚子好难受，经常莫名其妙地痛。""我想回家，你们到底理不理解我，到底知不知道我有多痛苦，你们一点都不关心我！"……妈妈每天心惊胆战，生怕接到她的电话。每次妈妈都在电话里不停安慰孩子，有时候甚至跟着女儿一起哭。

见我的时候，她已经经过艰苦卓绝的斗争，让父母允许自己在家里学习，并且已经在家里待了一个多月了。父母拿她没办法，硬拉她都拉不进学校。父母束手无策，异常焦虑。

第一次见我的时候，她很特别地带着课本来了，而且不是放在旁边，是直接摊开放在大腿上，意思很明显：学习时间很宝贵，一分一秒我都要利用起来学习。她在交谈过程中不断看手表，满脸的焦急，10 分钟内她大概看了五六次手表，我终于忍不住了，问她："你有急事吗？很赶时间吗？"她还是一脸焦急地看着我，说："我要抓紧时间学习，我觉得我没有什么问题，只是爸妈要求我来，我只能配合。"接着眨眨眼，望着我，等待着我的回应。不过，还没等我说话，她又急着表达了她的观点："我可以在家里学习，到时候一样参加中考、高考。"我只能换个角度问她："那你在家里看得进去书吗？"她愣了一下，低下头，底气不足地答："看得进呀。"我看了看她腿上翻看的书，从折痕看起来，这一页明显已经暴露在光天化日下多时了。我没有马上面质她，只是问："比在学校效率高吗？"她含糊回答："也算不上效率更高。"说着，抬起头，马上切换了欢快的表情："但是我在家里开心很多呀。"

然而，据我所知，她在家里既不开心，也无法好好学习，大部分时间都是拿着手机，用刷视频、打游戏来打发时间，很多时候窝在沙发里一动不动，就这样过完了一天。她经常会莫名其妙地流眼泪，父母稍不顺其意就会大发脾气，摔东西出气。每天早上，她都准时把书摆在书桌上，告诉父母今天要完成的任务，到晚上父母下班回来，书还是早上翻开的那一页，她还是一动不动地躺在沙发上。除此之外，她明显在刻意节食，每顿饭吃的东西都要计算热量。在家里短短一个多月的时间，她已经瘦了十几斤，父母每天为了让她吃饭焦头烂额。一边是她坚决不吃，一边是父母威逼利诱让她一定要吃，家里每天都要展开"吃饭大战"。她不断重复自己不焦虑、不着急，在家里很好，比在学校好多了。但她从来不在白天出门，周末有同学约她也从来不出去，一听到学校要考试就症状加重，在家里大哭大闹。

父母不断叹气：是不是当时不应该让她回家？现在真的不知道该怎么办好。

还有另一个在高一的时候休学一年后复学的孩子。当时他是因为人际关系，无法跟同学顺利相处，情绪低落，去医院诊断了抑郁症，名正言顺地休学。一年之后尚算顺利地回到了学校，一两个月之后，他又遇到新的问题：学习跟不上，上课很多时候听不懂。他每天找班主任诉苦，是的，每天准时找班主任，表达自己真的很想学，但真的学不进去，自己也很痛苦。班主任表达了充分的理解和支持，鼓励他慢慢来，一步步适应。他又说，吃了抗抑郁的药很困，上课有时候真的撑不住想睡觉。班主任也表示理解，对他的课堂纪律基本不做要求。渐渐地，他每天基本是从上课睡到放学，除了准时出现在教室里，基本什么都没学，只在晚自习的时候自学一下，稍微学习一点内容。这样的状况持续了一个来月之后，他觉得不行，不能继续这样下去，这样就是浪费时间，浪费青春，他要好好调整，要找回学习的动力。

　　冥思苦想之后，他决定：请假一周，回家好好调整。一周后调整好了再回学校。

　　来见我的时候，他刚好在家里已经调整完一周。我问他："这一周都怎么过的呢？"他不好意思地笑笑："跟以为的不太一样。"我看着他，点点头，示意他继续说，他接着说："大部分时间我都在打游戏，一打起游戏来就控制不了时间，我甚至想过让自己玩游戏玩到厌倦为止，想着玩厌了就能专心学习了。然而，游戏好像总是有很大的吸引力。"我心里想，这似乎是个意料之中的状况。接着，他又说："我本来是想回家调整的，现在在家里都学不好，那我在学校更不可能学好了，我觉得我要考虑再休学一年，用更多的时间来调整。"我提醒他："你之前已经休学一年调整了。"他没有正面回答我的问题，而是描绘了一个充满希望的未来："说不定我在家里再待一段时间，哪天突然就想通了，就可以动力十足地回学校上学了。"说这话的时候，他自己也忍不住笑了笑，不知道是因为觉得荒唐，还是因为那样的未来实在让人欣喜。

　　他来见我的目的也很明确，他做了这样的打算，希望获得我的支持。我没办法给予他这样的支持，能够真正在家里正常学习的孩子太少了。

　　我见过一个从高一就开始断断续续上学，高二、高三几乎都在家里度过，见我的时候正在一个还不错的本科院校上学的孩子。他这样形容考上大学的幸运："就高考前勉强学了一两个月，都是靠初中和高一的底子考上的，加上真的运气好，基本上我掌握的东西都考到了，这才上了一个还不错的学校。"选专业的时候，他听从父母的建议，选了当时热门的计算机专业，结果开学两个月之后他就觉得读不下去。一方面是太长时间没有以正常的作息上学了，计算机的课程大部分跟数学相关，特别费脑，他学得非常吃力，天天都在担心考试不及格会被退学。另一方面，长这么大，这是他第一次离家住宿，他完全不知道怎么跟舍友相处，舍友觉得好笑的话题他一点都不感兴趣，大部分时间都是自己在玩游戏。

加之，家里自由散漫的生活和学校各种各样的规矩形成鲜明对比，他适应不了，只要待在学校就觉得胸闷，无比压抑。于是，这个快 20 岁的大学生，每天的必修课也是不断跟妈妈打电话，不停地诉苦，表达自己的担忧，表达待在学校的痛苦，要求请假回家，要求转专业。

妈妈哭着跟我说："原本以为他考上大学了，也交到女朋友了，一切都能步入正轨了，他能跟其他孩子一样回归社会了，没想到还会出现这样的情况。"

这个世界上，原本就不存在上了大学，孩子就一定能成长这样的道理，问题应对模式会伴随着人生每个阶段，除非我们刻意去调整。孩子在家里学习，即使学习成绩优秀，也不代表问题彻底解决了。孩子适应集体生活的能力，敢于面对困难和挫折的能力，能够离开家的能力，才是他适应社会的必备。

上学时，上课、活动等各项事情，学校都给孩子安排好了。家里也是如此，往往三四个大人照顾一个小孩，洗澡、吃饭、睡觉甚至上厕所都会提醒孩子，或反复催促。孩子不需要自我规划，父母会帮他们安排好一切。

在这样的环境中成长起来的孩子，渴望自由，渴望能够自我规划和掌控，学校的各种规矩和条条框框，有时令他们难以接受。而相比于学校，家庭是更宽松、更容易突破界限和规则的地方。

有些厌学的孩子一旦回到家中，看似每天有大把的时间可以随意支配。虽然一开始制订了学习计划，但在缺乏外部约束的情况下，他们容易沉迷于手机、电视或其他娱乐活动，导致学习时间不足。长期如此，可能会影响他们的学习习惯和自我管理能力。即便最终进入大学，但如果缺乏足够的社交和实践经验，未来在适应社会时可能面临一定的挑战。

我不想再为父母上学

"我不想为父母读书。"据我所知，很多孩子在说出这句话的时候，并不是他已经下了决定，他是在迷茫，需要帮助，需要信任的人的引导。而父母若站在对立面，便会生生切断彼此间的信任，让孩子草率做决定的概率大大增加，或者使他就此自我放弃，无论哪一种，都不是我们想看到的结果。

　　为了父母、为了考好大学、为了挣钱、为了找一份好工作……这其实是大多数孩子一开始读书的理由，无关对错。孩子们或是一辈子相信这样的观点，不纠结，踏踏实实地沿着脚下的路前进；或是在某一天，因为某些原因，突然走到十字路口，开始迷茫和困惑，想要重新想清楚内心真正想走的方向。

　　孩子们迷茫和困惑的时候，其实是处在"危机"中，何去何从，都需要小心对待。走出来，便迎来新的机遇和空间；走不出来，便可能消沉、自我怀疑。

　　这个高一的孩子找到我的时候，便是处于这样的阶段。

　　他很清楚自己的状况：因为身高优势，最喜欢的是打篮球，但离专业水平又差了不止一点；学习成绩尚可，但从来没有真正拔尖过。他告诉我："我就是为了父母去上学，从小到大都是。"上高中之前，学校尚算一个欢乐的地方，因为能有朋友聊天开解，他并不觉得去学校是一种压力、是一件痛苦的事。上高中之后，他在成绩和人际关系上都接连受到打击，学校成了一个他很难勉强自己待下去的地方。他说："我要想清楚我为什么读书，还要不要读书。我不想再为了父母读书，这是浪费时间，没有任何意义。"

　　这个观点让家里一下炸了锅。

　　我顿觉有些不可思议，孩子有这样的想法，家长不是应该开心，或者至少是庆幸吗？证明孩子有了自己的想法，有了主见，要主动为自己的人生负责任，这不是一件好事吗？我后来才明白，父母面对我这样的想法，多半会回敬我这几个字："站着说话不腰疼。"

　　爸爸说："你做什么决定我都支持你，真的，你相信我。"孩子立马毫不留情地回应："你只是口头上这么说，心里还是觉得只有读书这一条出路，还是不停地想要说服我。"

妈妈一脸的不解和委屈："明明是错的，你为什么还要坚持做呢？"

孩子立马跳起来反驳："你就是不相信我！"

爸爸反复强调："我们没有什么文化，都是外地来大城市打工的，没有背景，没有多余的钱可以无条件地支持你，如果你放弃了读书这条路，我们很怕未来什么都帮不了你。"我突然比较理解了，对于孩子是家中唯一后代的普通家庭的父母而言，在这样的时候是多么的纠结和矛盾：既想做开明的父母，支持孩子的决定，支持孩子去做更多的尝试，去体验更丰富的人生，又对人生选择没有把握，如履薄冰，无尽的焦虑和面对现实的无能为力，让自己不得不拐弯抹角地好心规劝孩子。

孩子在这样的家庭中，天然地会感染到对现实的焦虑，对未来的胆怯，然而他没有切切实实地体会过现实的辛苦，因此希望走出父母的保护去体会自由呼吸的感觉，他也同样纠结和矛盾。

孩子终于站出来说："我从来没有说过不上学，我只是想想清楚自己到底为什么去上学，如果你们一定要逼我，我可以去上学，继续为了你们去上学。"在过去差不多两个月的时间里，他都是这样做的，迫于父母的压力，为了父母不再总是念叨，他勉强自己去上学。每周可能去一两天，便待不下去了，以此证明给父母看："不是我不去，是我真的待不下去，真的去不了。"孩子反反复复，父母不断在期待和失望之间徘徊，情绪处于崩溃的边缘。

这就是缺乏内在动力的典型表现：我就试试看，行就行，不行就不行。他要么指责，要么逃离，消极应对，最后证明给父母看：我都试过了，还是不行，你们不能怪我不听你们的了。

不过，我们往往都只看到故事的开头，看不到结尾，或者以为只要是"正确的决定"，就一定会有好的结果，却想不到，好的结果需要靠个人的努力和坚持，无法一劳永逸。

孩子的思考也是一个折磨父母的过程，"你要想到什么时候才能下定决心呢？课程越落越多，到时你越来越不愿意回学校了怎么办？"

每一个选择都有风险，为了不出现风险，我们宁愿连机会也一并放弃。

是因为我们处在一个焦虑的时代吗？是快速发展的时代带来人的不安定吗？回到以前那个年代，时间慢，人也没有那么焦虑就更好吗？我并不认同这样的观点。焦虑，可能是源于我们有更多的选择，我们看到了更多的可能性，从而有了去尝试之前的恐惧和犹豫。现代社会中，存在着数不清的职业和机会，充满未知和可探索性。只是，越多的选择意味着越多的不确定性，要探索，又没有经验可以借鉴，没有已成形的前路可以照搬，巨大的未知引发巨大的焦虑，也成为必然。

那么问题来了，家长最迫切的愿望便变成了："怎么才能让孩子不那么焦虑，能让他快点想通，让他下个决定呢？"悬而未决，不确定的状态总是让人不安的，父母在这样的时刻充分吸收了孩子的不安。手中多多少少握着一些资源，再加上作为过来人，父母在焦虑不安的煎熬下，会坐不住，虽然拼命告诫自己要等待，要等孩子想清楚，然而嘴巴和腿总是不听使唤：嘴巴忍不住开口劝解，腿忍不住忙碌起来，到处奔走。做点什么总是比什么都不做，看起来更让人心安，实际有没有在前进不重要，只要感觉在前进，父母就愿意付出时间和精力。

我们不习惯处理情绪，更习惯处理事情。

在我长时间进行的家庭治疗经历中，常见的父母应对情绪的方式不外乎两种：硬撑和转移注意力。硬撑是不管发生多大的事，内心已经翻江倒海了，外表还是如平静的湖面，拼命告诉自己不能倒下。因为社会分工的差异，这样的处理情绪的方式在男性中更为常见。转移注意力便是诸如运动、找人聊天、找人喝酒等可以获得短暂放松的方式。凭借着强大的忍耐力和韧性，父母们不断应对着各种各样超负荷的压力，而不管是硬撑还是转移注意力，情绪仍然在，晚上仍然会失眠，工作仍然可能出错。

让解决问题的速度超过情绪反应的速度，相信这样就能相安无事，这在心理学上叫作"行动化"，可以简单地理解为腿永远跑在心的前面，那样我们感觉不到难受，因为问题解决了，因为做好决定了。这样的家长不会让悬在半空的不确定状态持续太久，那样会让他们时时感觉快要崩溃。因为那时，负面情绪就有机会冒出来，而对于情绪，很多家长向来是束手无策的，无论是自己的情绪还是孩子的情绪。

这并不是我第一次在文章中呼吁家长们要关注自身情绪。相比于其他问题，厌学是一个足以引爆整个家庭的重大事件，孩子身边的每个同龄人似乎都在此时轻松地超过了自家孩子，由此引发的父母的焦虑，是超过任何其他情绪心理问题的。孩子能上学，好像日子还能过，学龄的孩子突然天天在家无所事事，从早到晚都在家里颓废地抱着手机，无聊而空虚，这种时时存在于眼前的"情绪源"，让父母们想不焦虑都难。若是孩子明明好好的，再突然来一句："我要想清楚自己到底为什么而读书"，父母第一反应很可能是想一巴掌甩过去："读书还要想吗？读书不是应该做的事情吗？想什么想，整天没事找事！"当然，并不是没有家长这么做过，甚至更激烈的行为都有过。把孩子的想法打回去，也是解决方法之一，那样至少可以暂时都相安无事。当然，也可能就此打断了孩子尝试寻找自我，尝试独立的路，多少有些遗憾。

或者，在我们做出是非对错的判断之前，是否也可以先觉察一下自身的情绪，评估一下自己目前做出的判断是不是在一个理性客观的前提下，是否曾确实认真地站在孩子的角度去思考和理解，他们说出的话，是不是真的那么大逆不道？

"我不想为父母读书。"据我所知，很多孩子在说出这句话的时候，并不是他已经下了决定，他是在迷茫，需要帮助，需要信任的人的引导。

而父母若站在对立面，便会生生切断彼此间的信任，让孩子草率做决定的概率大大增加，或者使他就此自我放弃，无论哪一种，都不是我们想看到的结果。

停下来，看一看，想一想，听一听，或许，现实并没有那么糟，"我要想清楚到底为什么读书"，并没有那么可怕。

我的脑子想上学，
我的肚子不想上学

每当孩子厌学，很多父母都会着急地问我："他为什么会厌学呢？难道不知道上学有多重要吗？真是急死我了。"听到这句话时，我发现它可以用来解释至少一半的厌学原因。小女孩是肚子不想上学，因为一上学就会肚子痛；小男孩可能是胸口不想上学，因为一上学就会胸闷；大男孩可能是外周神经系统不想上学，因为一上学面对人多的情况就会浑身冒冷汗，紧张不已；大女孩可能是"孤单的心"不想上学，因为一旦回到学校，就自己孤单一人，形单影只，怪异而突兀；还有孩子是眼睛不想上学，因为一看到努力认真的同学们，就害怕自己会落后，会考不好……

"我的脑子想上学，我的肚子不想上学。"这是一个 8 岁多、刚上三年级的小女孩跟我说的话。

我被这句话彻底惊艳了。它如此贴切、生动，充满小孩的童真，轻而易举地将潜意识、内心需要等复杂的心理学概念呈现了出来。孩子果然是对自己内心世界最了解的人。

是的，他们了解自己的内心，但是困扰其中，动弹不得。

每当孩子厌学，很多父母都会着急地问我："他为什么会厌学呢？难道不知道上学有多重要吗？真是急死我了。"听到这句话时，我发现它可以用来解释至少一半的厌学原因。小女孩是肚子不想上学，因为一上学就会肚子痛；小男孩可能是胸口不想上学，因为一上学就会胸闷；大男孩可能是外周神经系统不想上学，因为一上学面对人多的情况就会浑身冒冷汗，紧张不已；大女孩可能是"孤单的心"不想上学，因为一旦回到学校，就自己孤单一人，形单影只，怪异而突兀；还有孩子是眼睛不想上学，因为一看到努力认真的同学们，就害怕自己会落后，会考不好……

但请相信，他们的脑子都是想上学的。小女孩跟我生动地讲述了这个过程。

"我的肚子和脑子总是打架，脑子想让肚子去上学，但是肚子不愿意，而且最近都是肚子打赢。""怎么打赢呢？""肚子只要一到学校就会痛，我经常因为肚子痛在厕所一蹲就是大半节课。""不难受，腿不麻吗？""腿麻，也酸，但是我坐在教室里更难受。现在我缺课太多，都跟不上老师的进度了。""不能让你的脑子管着一点肚子，让它不要经常痛吗？""没办法，我觉得最近肚子越来越强大，脑子越来越弱了，记忆力也越来越不好了，经常刚背的课文第二天就忘记了。我经常肚子痛，你别看我现在看起来很正常，其实肚子也是不舒服的。"我恍然大悟，原来肚子是这样打败脑子的。

然而，她刚跟我滔滔不绝地讲述完脑子的不好用，便心血来潮想摆沙盘，说要摆"热带雨林"，并且有条不紊地跟我陈述：热带雨林有各种植物，还有很多颜色很特别的树木，它们高度不一样，有低矮的灌木，有高大的乔木……她一边介绍，一边寻找合适的植物摆在沙盘上，因为沙具植物不够多，她还一直念叨："这个植物太稀疏了，不够密，不够密……"她坐下来看了看，又说："热带雨林雨量充沛。"想了一会儿，找了一个"闪电"沙具放在中间，这才比较满意了。特别声明，这里写到的所有地理的专业术语都是她的原话，并无加工润色。我惊讶一个三年级的孩子能对地理知识那么熟悉，这怎么能说是记性不好了呢？

我于是尝试做一点点反馈和引导："我看你这些知识记得很清楚啊，记忆力很好呀。"她愣了一下，马上改口说："我刚刚说的什么我都忘了，不记得了，真的。"我无奈地笑笑："好吧。"

接着，她又想起了什么似的，兴高采烈地站到我的对面，兴奋地对我说："我觉得其他所有知识都跑出我的脑子了，除了地理知识。你知道为什么吗？"没等我回答，她就自顾自地说："因为我妈妈是地理老师。"她脸上充满骄傲，仿佛地理老师是全天下最光荣的职业，地理知识是全世界最值得学习、掌握、运用的知识。

我才明白，那些熟练记忆的术语里，包括的是对妈妈的爱。我也才知道，脑子不是不好使，脑子只是屈从了肚子的需要，或者说是她内心的需要，变得不好使，变得笨拙起来。这是一个心理过程，与大脑实际的运作无关。

这个女孩的爸爸一直在外地工作，妈妈是地理老师也是班主任，平时主要是外婆照顾她，只有在她肚子莫名其妙地疼痛难忍的这两个月里，妈妈才开始尽可能抽时间陪伴她，照顾她的饮食起居；周末或者平时有空都带她出去玩，上班的间隙也会打电话来询问她在家的情况。以前的她活泼、开朗、懂事，妈妈一直觉得完全不用操心。她开始尝试向妈妈描述自己理想中的家庭的样子："爸爸不要再去外地，回来跟我们住在一起，每天大家一起出门，爸妈上班，我上学。我放学回到家，妈妈在家里做饭，爸爸陪我玩，陪我写作业，吃完饭一家人一起看电视。睡觉前，爸爸或者妈妈会给我讲故事。"妈妈跟我转述孩子的这个表达时，表情很复杂："孩子以前从来不说要我们陪。"

当然，除此之外，学习难度增加也是厌学的原因之一，如她所说："上了三年级，学习越来越难了，我觉得有点吃力。"于是，脑子和肚子一商量，愉快地达成了这场"合谋"，她痛苦却又甘之如饴地执行着这个结果。

她绝不是装病，痛是真痛，满足也是真满足。

孩子一厌学，家长第一反应一定是思想教育：大谈特谈上学的重要性，以及不上学之后的严重后果，对未来前途的影响。曾经接待过一个初中没读完就休学的孩子。他焦虑的父亲反复说这样的话："你现在初中都没毕业，你不上学怎么办？将来就是小学学历，你能找到什么好工作？将来你怎么办？怎么养活自己？外面的世界是很残酷的，比你想象中的残酷得多……"这个爸爸一直说着，我不知道他要讲到什么时候才打算结束。我看了一眼旁边的儿子，他拿着手机，百无聊赖地上下滑着。我问这个男孩："你是有什么急事要处理吗？"他倒回答得很坦诚："没有啊，就是随便看看。"见我疑惑地望着他，他无奈地说："这些话我都能背了。"

我见过一个爸爸非常用心地给孩子一连写了三封信，每一封都字斟句酌，仔细推敲，还拿给妻子看，一起商量。他自己说："我是把自己内心的想法都写在信里了，平时想表达不能表达的内容也都写在里面了，真的是想跟孩子好好沟通。"我听得很感动，这个年代，愿意静下心来写信的人，着实稀缺。于是，我满怀期待地问孩子："看了吗？感动吗？有回信吗？"这个已经上高中的女孩完全不领情："看了，也就那样。"我有些失望，甚至隐约觉得这孩子有些冷血，女孩沉默良久，幽幽地补充说："因为他写的都是平时跟我说的那些大道理，只是把它们阐述得更详细，更有逻辑而已，并不是想跟我沟通。"接着，她转过头无表情地望着爸爸："我不是三岁孩子了，这些道理我都懂！"爸爸仍然一脸疑惑，欲言又止。

我知道，他想表达的是大多数家长共同的困惑："既然你都懂，为什么不去上学呢？"这像是一个悖论，让所有厌学孩子的家长百思不得其解。

套用上面那个小女孩的话，便很好理解，脑子懂了，但是肚子不懂啊。说得深奥一点便是：意识懂了，潜意识不懂啊。

跟肚子是没办法讲道理的，越讲它越不爽，越痛。

肚子喜欢听的语言是什么呢？这是我一直在思考的问题。

首先，当然是要先听懂肚子的话，要了解肚子的心声。按照前面小女孩的说法，脑子此时已经完全缴械投降，现在完全是肚子的天下，当然是谁做主就得找谁说话。话说回来，为何肚子会有如此的反抗，要跟脑子去抢地盘，自然是脑子平时对肚子的需要和感受压抑得太厉害导致的，一旦有一天能翻身做主人，肚子肯定要尽情"搞事情"，让整个身体都不得安宁。继续把肚子狠狠地教育一番，让它知难而退，在敌我悬殊的前提下，几乎是不可能的，要知道，肚子在此时可是占据着绝对优势的。正确的做法是，拿出十二分的诚意，让肚子相信你发自内心地想帮助它，解决它的需要，一切合作，信任都是前提。

接着，就要静下心来慢慢听它讲，听它表达它的诉求。谈判不都是如此吗？双方亮条件，再评估哪些条件能够答应，哪些条件要修改、调整。比如，那个小女孩的肚子最基本的诉求应该有两个：一是妈妈多一些陪伴；二是想逃避面对学习的困难和压力。前一个父母权衡之后觉得之前确实是陪伴孩子太少，让孩子很难感受到家庭温暖，应当调整、改进。至于学习压力，可能就需要斟酌了，除了逃避，是不是还有其他办法呢？需不需要父母和老师的帮助呢？是不是父母对孩子学习要求太高了呢？这些问题需要进一步讨论、协商。

最后，还要留意脑子在这个过程中功能缺失的问题。脑子似乎被肚子彻底拿下了，几乎完全失去信心和理智了，对于自己的能力也没有了恰当的判断，把自己看得太弱了。我们也需要做脑子的工作，但不是教育它学习、读书的重要性，而是要让它看到自己的优势、厉害的方面，及时肯定自己，增强信心。毕竟原本意识和潜意识就是平等的，大家都有话语权，都有决定权，脑子不能无条件地放弃自己的权力，无底线地退让。

脑子和肚子，也可能是和胸口或者是外周神经系统握手言和，"大家"在此过程中学会互相尊重，做决定、做事情之前询问彼此的意见，商量着决定。既不过度压抑内心需要，又不完全放纵本能、忽视社会规则和要求，在此之间找到一个平衡。

此乃解决之道。

故事 29

一辈子待在家里不行吗？

被叫做"啃老族"的孩子们并不喜欢这个称呼，他们会反复跟我解释："只是去学校太难受了，我实在受不了，所以才想待在家里，这有什么不对吗？""我不是要啃老，我现在都还没成年，父母原本就有抚养我的义务。"

被叫作"啃老族"的孩子们并不喜欢这个称呼，他们会反复跟我解释："只是去学校太难受了，我实在受不了，所以才想待在家里，这有什么不对吗？""我不是要啃老，我现在都还没成年，父母原本就有抚养我的义务。"

他们说得头头是道，理直气壮。

父母一旦有不同意见，他们便会使出撒手锏："你们根本就不理解我，根本不知道我有多痛苦，你们一点都不在意我。"父母稍有不慎，便会认同他们的想法，在手足无措中遂了他们的心愿。可不要小看这小小的妥协，青春期是孩子各方面发展的关键时期，如果在此时父母允许他们遇到任何困难都可以选择回家，回到父母温暖的怀抱，那么期待他们长大之后会改变，这样的想法最终只会如肥皂泡般虚幻而不现实。

这个小来访者找了好几个心理治疗师，最后才来到我这里。并不是她自己不愿再去，而是对方治疗师跟她一轮交手之后，她的焦虑渐渐升级，触发了治疗师内心的不安和挫败，进而治疗师直接表达无法帮助她。她便这样，几经辗转之后来到了我这里。

她正上初三，看到我腼腆地笑笑，挺直着腰背坐在椅子上，滔滔不绝地开始讲。讲什么？讲她的各种症状。显然她对于这些已经讲过无数次，讲起来语言流畅，逻辑清晰，一个症状接着一个症状，生怕时间不够，不能将自己的症状全部说完。不需要信任关系建立过程，她百分之百地坦诚，热热闹闹地说，只怕对方不够了解她的症状，也完全不担心是否会对自己的形象造成影响。治疗时间是一个小时，如果不打断，她可以不停歇地说一个小时，细听下来，内容是在不断重复的，她会用不同的论据来证明自己的情况到底有多严重。每一次，她的结束语都是："医生，你说我该怎么办？"次次如此，我于是明白了她的期待：我负责把症状告诉你，你负责帮我解决。所以，她每次来之前都将自己的问题"打包"好，并且反复检查是否有错漏，确认无误之后，便仔仔细细地带过来，一个一个地拿起来，展示给我看，介绍给我听，不时停下来确认："你明白了吗？""听懂了吗？""完全理解我的痛苦了吗？"在她看来，这是她的全部任务。无疑，她出色地完成了这些任务。她满意地回顾自己表述的整个过程，扬起天真的脸，期待地望着我：问题你都清楚了，赶快帮我解决吧。

如果几次之后她觉得问题还没有解决，就会带着失望和愤怒开始攻击："我觉得心理治疗什么用都没有。""我很认真地配合了，但没有效果。""我觉得心理治疗很贵，但是没什么用，我平时都很节省的，很少乱花钱。"几番攻击下来，很多心理治疗师招架不住，承认是自己能力不够，从而将她转介给其他人。如此兜兜转转一年多，她的症状几乎没有丝毫改善。

当然，症状没好，她也就名正言顺地无法上学。一年多时间，她不断接受各种治疗，父母焦虑异常，她也渐渐沉迷于自己症状严重的自我认识中，表现得越来越痛苦。

讲了这么多，她究竟有什么严重问题，能弄得许多医生都束手无策呢？我仔细地听了一圈下来，便知道她的主要问题其实是社交恐惧，特别是对异性。这也算是青春期孩子常见的状况，只是任谁猛然听下来，都会以为她全身都是问题，被各种问题困扰，寸步难行，什么都做不了。她把问题拆开来讲述，罗列各种证据，比如，她在人群中怕有人觉得她臭，脚臭、出汗臭、放屁臭；害怕异性，怕跟对方说话，怕跟对方眼神接触，怕对方看出自己很紧张。凡此种种，不一而足。

既然面对人如此痛苦，那该怎么办？不出门，不上学。只要不出门，不上学，她的情绪便异常稳定，天天都很开心：看着电视，吃着零食，吹着空调，优哉游哉地度过每一天。不过，这样的好时光在妈妈下班回来的时候就会结束。每一天妈妈上班前，会给她安排要完成的任务，也尝试给她报各种培训班，让她自己去上课，试图充实她每一天的生活。然而，每天她都带着忐忑之心和痛苦之情，跟妈妈交代说什么都没做。妈妈一般会发一顿脾气，骂她一顿，带着失望和沮丧，除此之外，也无他法。

在此过程中父母多次尝试让她重新回到学校，每次她都答应得好好的，到该上学的时候便反悔了，想尽一切办法"耍赖"。有一次去了学校半天，为了让学校相信自己真的上不了学，她找到班主任，找到年级主任，最后找到校长，跟他们每个人表达自己在学校有多难受，自己真的无法上学，自己是被父母逼来上学的，在学校的每一分钟都很煎熬……声泪俱下，老师们都被她说服了，找到父母来谈，表达学校希望学生是自己愿意来学习的，如果是被逼无奈，学习效果肯定不好，还可能会造成心理伤害。父母无奈，只能将她接回家。还有一次，她答应去上学，到了那一天，她自己跑出家门，在小区里找了一个角落，躲了一整天，父母急得差点报警，结果到了放学时间，她自己背着书包回家了。

她不断哭喊："我那么难受，你们还要我上学，为什么我不能待在家里？你们对我这么狠心。""你们就是不理解我，完全不知道我的痛苦，只会不停地逼我。"有时候，妈妈也会跟她一起哭。全家都笼罩在悲伤、失望的氛围中。

于她而言，真正理解她就是帮她解决所有的问题，就是让她舒舒服服地待在家里，不要让她去面对任何的痛苦。这是她对父母的期待，也是她对我的期待。

自己一个人在家里太无聊，没人陪自己玩怎么办？她从一两年前便反复要求父母给她生一个弟弟或妹妹，母亲年龄大了，且身体不允许。但她不死心，不断提起这件事情，一说起来就哭，不断重复说哪个朋友都有弟弟妹妹，为什么自己不能有，他们都有弟弟妹妹陪，为什么自己不可以？哭得梨花带雨，可怜异常，父母面露难色，满脸愧疚。

经过一段时间的交流，她不断把"问题包袱"丢过来，我坚持还给她，如此无数个回合之后，父母终于看清楚她的模式，坚定地相信继续依从她的模式只会害了她，会让她继续上不了学，之后可能会一辈子待在家里。父母开始尝试转换方式，不再什么问题都帮她解决，不再认为等她全部症状都没有了才能去上学，并且在生活中尽可能让她积极尝试，肯定她做得好的地方，增强她的信心。当然，这并不是一个容易的过程，每当我们肯定她的进步时，她便毫不客气地说："哪里好？我做得一点都不好，我什么都做不好。"这充分体现了一个道理：你坚持真诚地夸奖一个人，他一定会多少接受一些的。这个女孩便是如此，慢慢地，她虽不能欣然接受，但至少不再反驳。

几个月之后，她终于重新回到了学校，父母异常欣慰，不时向我反馈她进步很大，交到了朋友，成绩一直在班上名列前茅。有意思的是，她还是会每隔一段时间便要求来见我一次。每次见到我就一脸苦相："医生，我在学校还是好辛苦啊，还是好紧张，好难受。"接着又如数家珍地罗列我早已耳熟能详的症状：害怕自己身上有臭味，不敢看别人的眼睛，害怕跟异性打交道。我耐心地听完，接着问她："那你想怎么办呢？"她敏捷地回答："我想回家，待在家里就轻松了，就什么事都没有了。"我接着问："待在家里做什么呢？"她也坦诚地回答，如孩子般天真，完全不介意我的看法："看电视，吃零食。"于是，我知道了一种行为模式的改变确实不是那么容易的一件事，会时时想着要走回头路，走自己熟悉、舒适的那条路，会抱着侥幸心理：万一成功了呢。

不过，在我问出这些问题，她回答之后，她自己大概也意识到了什么，立刻陷入自我否定中："可是我做不到，我什么都做不到。"我看着她，坚定地告诉她："不，你做得到，只要你愿意尝试，我相信你的能力。"她并没有因为听到这样的话而振奋精神，干劲十足，只是稍有些羞涩地笑笑。我已经习惯了她这样的反应，并未觉得失望。

这注定是一场持久战。

如上面这个案例中的父母，他们都是具有极大牺牲精神的父母，宁愿自己吃苦，也要让孩子过优越的生活，孩子一说自己"难受"，父母，特别是妈妈就"跟着掉眼泪"。父母有软肋，孩子当然会想尽办法紧紧抓住。

要放手，要把孩子推向社会，说起来容易，真正实施起来却有各种各样的阻力和考验。穿过重重"不忍"和"不知所措"，我们聪明的父母们，是否坚定地知道孩子应该长大，应该走向外面更广阔的世界？还是希望一直做他的羽翼，为他遮风挡雨，害怕他受哪怕一点委屈呢？

认真地思考并回答这个问题，或许有助于解决一部分孩子厌学背后的独特原因。

我有多动症，我不想上学

在有多动症这个医学诊断之前，我们的印象是每个班都有几个调皮捣蛋特别不服从管教的孩子，整天跟老师对着干，上课坐不住，学习成绩一般。同学疏远他们，老师摇头叹息，家长只能接受他们不是学习的料，任其自生自灭。随着医学的进步，终于有人为这群孩子正名，确认他们不是故意如此，他们只是"病了"，行为不完全受自己控制。这让我们可以有一个途径和理由去接纳与理解这群孩子，只是这样的确认背后，似乎暗藏着新的担忧和危机。

多动症，全名为注意缺陷多动障碍（ADHD），在我国被称为多动症，是儿童期常见的一类心理障碍。多动症表现为与年龄和发育水平不相称的注意力不集中和注意时间短暂、活动过度和冲动，常伴有学习困难、品行障碍和适应不良。多动症患病率较高，且男性患者多于女性。

在有多动症这个医学诊断之前，我们的印象是每个班都有几个调皮捣蛋特别不服从管教的孩子，整天跟老师对着干，上课坐不住，学习成绩一般。同学疏远他们，老师摇头叹息，家长只能接受他们不是学习的料，任其自生自灭。随着医学的进步，终于有人为这群孩子正名，确认他们不是故意如此，他们只是"病了"，行为不完全受自己控制。这让我们可以有一个途径和理由去接纳与理解这群孩子，只是这样的确认背后，似乎暗藏着新的担忧和危机。

这个男孩当年 11 岁。从小学一年级开始他就经常因为做作业挨骂、挨打。从一年级开始，他做作业就一定要爸爸全程陪着，即便如此，也经常要写到凌晨 12 点多。他写一会儿便不自觉地发呆、走神，一个橡皮可以玩半个小时，总觉得凳子上好像有钉子，想走来走去。家里经常因为他写作业闹得鸡飞狗跳。

尽管如此，他在小学三年级之前成绩都相对不错，这是一个聪明的孩子，虽然过程并不顺利，好在他基本完成了这几年的学习。

弟弟比他小 7 岁，在他上一年级时出生。他来找我的时候常常提到弟弟，说弟弟很烦，总是在家里吵闹。弟弟的咽喉很敏感，不能大哭大喊，不然就很容易发炎。父母为了让弟弟少去医院打吊针，便不断跟他讲道理，叫他要让着弟弟，不要惹弟弟哭。他对此很愤怒，但又无可奈何。

从三年级下学期开始，课程里加了英语，这是一个需要很多抄写和背诵的科目，这是他最不擅长的。长时间安静地抄写，会让他很烦躁。其他科目的难度也逐渐增加，随便应付一下的学习方式无法再保证学习成绩。因为坐不住，他总是在教室里随意走动，跟同学讲话，时常被同学嘲笑，成绩也不断下降。在家里，父母还经常因此争吵，他常处在焦虑无助中。

父母在要求他做作业的时候，他一哭起来就无法停止，不管在什么场合都无法控制，并喜欢摔东西甚至打自己的头。他还总是往外冲，喊叫着要出去，父母拉都拉不住。无法管教他的父母将他带去看医生，医生给了他多动症和抑郁症的诊断。

自此之后，他便开始基本不做作业，看到作业就烦，老师和家人怕刺激他，也不敢严加管教。后来他变本加厉，开始在课堂上睡觉，经常说胸闷、头疼，老师没办法，只能让家人把他接回家。他最大的爱好就是回家"撸猫"和玩游戏。但他并不开心，大部分时间仍然觉得烦，总是说无聊。他说他想和正常的孩子一样，让大家正常对待自己，但他马上又否定："但我做不到认真学习。"

除了不断提各种要求，家人不满足他时就大哭大闹外，他做什么都没有信心。他觉得父母对他很失望，嫌弃他。他不断哭喊，是为了测试一下家人。全家人都疲于应付他的脾气，家庭氛围十分紧张。爸爸每次看见他都不住叹气，满脸的失望。

有特殊症状的孩子，一定上不了学吗？

爸爸说："孩子的诊断，对于我们夫妇也是解脱。"老师那边建议父母为孩子办随班就读手续。办了随班就读后，老师不会再逼孩子学习，不会再要求父母教好孩子，不会再提醒父母孩子的成绩很差，拖了班级后腿。所有的压力好像就此迎刃而解了。

我问爸爸："你真的想好了就这么放弃孩子吗？"爸爸眉头皱得吓人："我也不想，但我也没办法啊。"接着解释："他有这个病，他自己也控制不了。"是的，这是另外一个误区，因为孩子被诊断为多动症，就把孩子彻底当成病人来看待，为他所有的不当行为找到一个合理的解释。久而久之，孩子也认同了周围人对他的这个看法，越发自暴自弃。

我告诉爸爸："他是一个特殊的孩子，他可能不能像其他孩子一样学得那么好，但一定可以比现在学得要好很多，他有这个能力。"爸爸沉默良久，没有回应。

之后，爸爸顶住压力，跟孩子做了一次深谈，谈了学习的重要性，以及同学不怎么搭理他的原因。爸爸每天陪他做作业，尽可能耐心地教导他、鼓励他；爸爸也跟老师进行了沟通，让老师更了解孩子，尽量一视同仁地对待孩子。这个男孩竟然慢慢能完成大部分作业，能坚持每天去上学。

再见他的时候，他完全一改之前的颓丧，脸上有了笑容，开心地跟我说："我现在跟同学关系很好，大家都愿意跟我玩，老师也时常表扬我。"我回应他："那很不错呀，你怎么做到的呢？这么棒。"他不好意思地笑笑，继续摆弄着手中的沙具。

原来，多动症的孩子，同样需要认同感。

我在网上看到很多多动症家长无助、失望的留言：

孩子有注意力缺陷，坐不住，心智比同龄孩子幼稚至少两年，不服从管教，对大人的管教特别反感，坏习惯多、字难看，大人如何纠正都听不进……给外人看着很没家庭教养。小学阶段大人每天盯着，每天把语数外教给他，他像木偶一样在对抗中写完，这中间辛酸不在此言，成绩也才中等。初中阶段家长也没那个能力了，看着他每天的行为真心累，想放弃让他自生自灭……

每次去接孩子，都有一堆小朋友围着我告状，说我家孩子又打他们了，上课又捣乱了，每当这个时候，我真恨不得有个地缝可以钻进去。

有一个家长的分享让我特别感动。

一年前的某天，我接到班主任的短信："×× 妈妈，请来学校一下，你孩子的学习状态已经没法正常上课了。"看到这样的短信我真是很崩溃，之前老师多次反映孩子有点注意力不集中，上课喜欢走神，不能跟着老师的思路走。我也经常和孩子说要认真上课，想着大了会好点，没想到严重到这样的程度了。

犹豫再三，我决定辞职全职回家带孩子，辅导孩子学习。很快到了期末考试，孩子的成绩只是勉强及格，虽然分数很低，但是，对于一个这样的孩子，我还是从中看到了一丝曙光，每天周而复始的陪伴学习和培养习惯开始有效果了。有个方法，我觉得对于提高孩子课堂注意力效果很好，在这里写出来，希望能有其他家长看到。我每天都和孩子一起预习第二天要学习的课程，然后找出一个知识点，装作好像看不懂的样子求助孩子，让他第二天上课认真，然后回家教我。这个知识点不仅是语文、数学、英语，有时候也是音乐、体育、科学等其他科目。装要装得像一点，向他抱怨："你现在的书怎么这么难啊，我小时候都没学过这么难的，老师让我辅导你，可我自己这个问题都看不懂，怎么办啊？咱娘俩是不是没救了？"这招效果蛮好的，这小子果然上当了，第一次很认真地听了回来告诉我："妈妈你真是笨蛋，这个题目是这样的……"我就装成恍然大悟的样子："原来是这样，多亏你教我了，我再和你一起预习明天的课程，看看和我之前上学时候有什么不同。"如此循环往复，屡试不爽。

再见老师的时候，老师的态度变得非常和蔼，和我讨论了许多孩子的学习方法，也给了我很多好的建议，接着还说："不要让孩子觉得自己和其他同学有什么不同，我还是会按照和其他同学一样的要求来要求他。"老师的这番话让我非常感动，后来老师确实也给了孩子更多关注。

春天来了，我回家全职带孩子快一年了，送完他上学回家，收拾上学期文件，看着他现在的成绩单，虽然未达到全 A，但是已经比去年提高了很多，再这样努力下去，很快就能和其他孩子一样优秀了。

这一年，为了能让孩子继续上学（之前老师已经让我们陪读，要不就读不下去了），看到孩子在这一年的显著进步，我经历的各种心酸、各种委屈现在证明也是值得的。我将整个心路历程记录下来，让大家正视这样的孩子，及时纠正，也许能像我家孩子一样回归正常轨道。

"正视"一词，用在此处特别恰当。所谓"正视"，表达的既不是对孩子的状况视而不见，盲目安慰自己说孩子长大了就好了；也不是过度焦虑，彻底把孩子保护起来，以一个"病人"的标签总结孩子的全部特征，什么都不敢要求，完全不抱希望。两种极端都不是正视。真正的正视是在听从专家建议的前提下，客观评估孩子的症状情况，跟孩子一起制定合适的目标，共同努力。家长有了正视和面对的勇气，孩子才有改变的可能。

很少有多动症孩子是完全无法上学的，只是他们需要更多的引导和训练，包括行为和情绪管理的训练。这是一个艰难且容易受打击的过程，会有无数次的挫败，让家长们千百次想要放弃。我并不想在这里以一个旁观者的角度，站在道德的制高点去批判有放弃想法的家长是不负责任的。毋庸置疑，过程的确很难，家长需要更多地去理解和支持孩子，运用专业的方法看到孩子的改变，以及由此带来的希望。

此文，也是想为这样的家长们带去更多希望，带去坚持的勇气。

无法超越的父母，上不了的学

　　我们总是容易抱着这样的期待甚至是要求，比如，名人的后代应该"青出于蓝而胜于蓝"；比如，老师的孩子应该比普通的孩子成绩更好、品德更高；比如，高学历的父母，孩子至少能上一个研究生……这些看似理所当然的要求，其实蕴含着无形的压力。

　　孩子应该超越父母，仿佛天经地义。但现实果真如此吗？

特别优秀的父母，一定能教出特别优秀的孩子吗？

我们总是容易抱着这样的期待甚至是要求，比如，名人的后代应该"青出于蓝而胜于蓝"；比如，老师的孩子应该比普通的孩子成绩更好、品德更高；比如，高学历的父母，孩子至少能上一个研究生……这些看似理所当然的要求，其实蕴含着无形的压力。

孩子应该超越父母，仿佛天经地义。但现实果真如此吗？

我见这个孩子的时候她正上初二，在初二下学期的 4 月份，她感染"流感"，在家里休息了一周。一周之后，流感痊愈，但她出现了新的症状，早晨起来反复说头晕，又说上学时会浑身发热、肚子痛，无法集中注意力听课，因此经常因为身体不适请假早退。她的情绪也变得比较暴躁，经常因为小事发火，对家人大吼大叫，要知道，她以前是典型的"乖乖女"，几乎不会违逆父母任何的要求。好在很快到了 7 月放暑假了，说来也神奇，一放假回到家，她全部的症状都无药自愈了，她每天都过得很开心，好像之前在学校受的苦不曾存在过一般。只是好景不长，国庆长假后，上学对她来说变得愈发艰难。她曾经有一个星期照常出门去上学，结果并没有去学校，而是躲在自家的楼道里，就这么躲了一个星期。她的情绪问题加重，反复说活着没意思。

她游戏打得很好，在游戏里收了好几个徒弟，在游戏里也认识了很多人，大家都很关心她，她有什么心里话也更愿意跟游戏里认识的朋友说，玩游戏的时候很开心，什么烦恼都会忘记。在虚拟世界里，她好像找到了现实世界中缺失的某些东西。

第二次见面，她绘声绘色地讲述了她上小学时，班上一个女生家里非常富裕，女孩子长得漂亮，成绩又很好，大家都喜欢她，描述时她眼里满是羡慕。接着，她叹了口气说："从幼儿园开始，我认识的人都非常优秀，我在他们中间，就像丑小鸭。"我问她："身边这么多优秀的人，会有压力吗？"她似乎没有听见，谈论着其他的话题，继续给我介绍那些优秀的同龄人。

跟进了好长时间之后，她才告诉我，最主要的压力是来自父母。"我爸妈都是名牌大学毕业，现在也有不错的工作，从小跟我一起玩的孩子，他们的爸妈都是非富即贵的。"然后她艰难地吐出几个字："要超越他们很难。"父母一直对她期望很高，还会拿她跟很多个"别人家的孩子"比较。她不想让他们失望，但是落下的课程越来越多，她压力非常大。我问她："这部分压力你爸妈知道吗？"她带着些愤怒："他们根本就不相信我，我妈只会说我装病，爸爸就会找各种关系去跟学校沟通，他们怎么会关心我怎么想！"我有些意外，她的愤怒几乎是在一瞬间爆发出来的，我当时掠过一丝念头：除了对父母的愤怒，是否也有对自己无能的愤怒呢？

她否认了这一点："我只希望能过自己想过的生活，哪怕做一个普普通通的人，但他们天天总逼着我学习。""那你能完全不在意父母的期待吗？"她没有回答。

孩子不争气，家长丢脸，这个亘古不变的逻辑困扰着所有家长：无论事业多成功，为社会做出多少贡献，只要孩子不成才，就会被认为人生失败。孩子是父母的一部分，是父母的衍生，人们不会将孩子当作独立的个体来看待。

下面这个案例是我见过最震撼的案例，每每回想起来都令人唏嘘不已。

这个孩子是在国外读大学的时候出现状况，不得不回国治疗的。他会听到一个很清晰的声音，这个声音告诉自己是超人、刀枪不入，于是他会用刀划伤手臂来验证。这个声音还神秘地告诉他一个一级机密，说他是被选中要为科学研究"献身"的人，因为他的体质特殊，天生注定不平凡。于是，每一天当他感觉到这个科学献身的召唤时，他就直接拿刀划自己的肚子。

我第一次见他的时候他显得非常热情主动，而且彬彬有礼，看得出有好的家庭教养。他会积极地跟我说他的生活，谈他都去过哪些国家，谈他的兴趣爱好。他说他比较宅，最大的兴趣就是打游戏，会花很多钱买装备，提升等级，这样就能战胜很多人。他带着满足的口气说："我喜欢那种战胜所有人的快感。"他从小就对新的东西感兴趣，对于做实验也很好奇，但是觉得要长时间做一个研究太辛苦、太枯燥了，他知道自己并不适合做科研。他信仰科学，希望为科学献身，哪怕因此献出自己的生命也在所不惜。

他并不回避谈论他的家庭，很自然地说："我作为长子是让整个家庭都失望的，我也对自己很失望。"不只是父母，他整个家族长辈的成就都非常高。他反问我："你知道什么是非常高吗？可不是简单地当个官，做个医生什么的，他们都是各个领域有建树的人。"我点点头，表示能够想象。"我父亲更是著名的学者。"是的，他用的是"父亲"而不是"爸爸"，以示庄重。他的理想是成为能被后世铭记的人物，因此，他必须成为某一行业中的顶尖。父母对他的期望非常高，他自小参加各种培训班，成绩只要稍微考差一点，父母的脸上都会明显地表现出失望。他从小就没有朋友，对自己也很少有满意的时候。他对自己分析得很透彻："我希望成功，但无法接受获得成功之前长时间寂寞地努力，我喜欢时时刻刻成为焦点的感觉。"遗憾的是，现实世界给他更多的是挫败和打击。他努力地讨好每一个人，对每一个朋友几乎都有求必应，无论是借钱还是帮忙，不管他多累多烦，他都一一答应，只是不知为何这些朋友都会离他而去。即使好不容易考出国，应付国外的课程也让他很吃力，他找不到自己的优势。

当现实生活中得不到渴求的认可的时候，他便选择向幻想中的世界去寻找。

父母总是通过各种各样的关系，辗转给他找各种各样最好的医生，他不停地辗转在各家大医院，各个专家门诊，没有长久跟进的医生，也没有真正信任的医生。如此，他的症状几乎未见好转。

我还接触过一个上高二的女孩，她为了不上学在宿舍喝洗洁精。她的妈妈是国内名校毕业的，理工科出身，理性且在意细节，平时习惯指出女孩做得不恰当的地方，比如，东西没放好，做题不仔细，这个不懂，那个不知道。女孩对妈妈很崇拜，认为妈妈说得都对，她挂在嘴边的口头禅是："她是那么厉害的学校毕业的，肯定说什么都是对的。"她从小成绩优异，中考却没能考入理想的高中。勉强来到现在的高中后，她一直心有不甘，觉得同学的水平跟自己都不是一个档次，立志要在班上稳居第一。事与愿违，上高中之后，她的成绩一直很不稳定。她一直看不上班上的同学，也不大乐于跟他们相处，班级的活动也基本不参加，渐渐地她在班里愈加格格不入，几乎没有朋友。她整天没精打采，做什么事情都没有动力，经常一个人在宿舍哭，经常失眠，她甚至自己去找过心理医生，但家人对这些一无所知。高二开学的时候，上述状况加重，她上课的时候经常发呆，听课听不进去，试了各种方法都无法集中注意力，成绩不断下降，每到考试，她就紧张到整个人发抖。她自我评价非常消极，觉得自己什么都比不上别人，在同学面前抬不起头，在班级中待不下去，大家看自己的眼神都怪怪的……几经挣扎之下，大概在休学前一个星期，她一次性喝了 100 毫升的洗洁精。100 毫升，看得出来，她下了很大的决心。这件事惊动了学校，老师通知家长她被送去医院洗胃，此时家人才知道她的问题真的严重了。

妈妈的态度一百八十度大转弯。按她的说法是："妈妈现在什么事都会问我的意见，很关心我的想法，什么事情都会跟我商量。以前完全不是这样，她会因为很多小事否定我，甚至在公共场合都会骂我。"说完低下头："我一直觉得我妈是嫌弃我的，她读的大学那么好，我却这么笨。"

她妈妈对她的想法一无所知。妈妈后来说："我是工科生，一直非常理性，我的婚姻不幸福，我想尽最大的可能让小孩生活得好，也希望孩子能够出人头地。"说完，看着我，带着疑惑地问："这不是每个家长最基本的心愿吗？"她也解释了为什么总是批评孩子这没做好那没做好：她认为那不是批评，是在教她的孩子要怎样做好事情。她每天回来都很累，她没有多余的时间跟小孩谈心聊天，但又觉得自己有教养义务，便只能用最简单粗暴的方式，不断指出孩子的错误，希望孩子不断改进。

我想，无比能干的父母，会更习惯于以自己的能力为标准来要求孩子，认为自己能够做到的程度，孩子只要态度端正、认真努力也肯定能做到，却忽视了应该蹲下来，站在孩子的角度去看问题。

无法超越的父母，给孩子树立的是一个理所当然，却又在现实中无法企及的标准；而另一部分人生志向没能完全实现的父母，给孩子树立目标，参考的是自己"理想化自我"的标准，那些目标同样难以实现。孩子，在中国千百年的历史中，一直被视作家族的延续、父母生命的衍生，而很少作为一个单独的个体被看见。各位父母，你是否真的客观评价过孩子的能力，是否可以试着设立一个孩子能够实现，能够获得成就感和认同感的目标呢？

孩子人生的使命，不是超越父母，而应当是成为他自己。

校园欺凌与厌学有关吗？

有些学校教育中缺乏对人尊重的教育，更强调竞争，强调成绩；很多家庭教育中对于被欺凌讳莫如深，隐隐觉得被欺负是"懦弱""无能"的表现，往往一骂了事。然而，就如家庭暴力在任何情境下都是错误的一样，无论被欺凌的孩子是什么样子，欺凌行为本身就是错误的，是需要被严厉批评的。

校园欺凌并不是一个新话题，我却想尝试以一个新的角度来解读这件事。

在校园中，凡是与众不同、在世俗的眼光中又不那么闪光的特点，比如胖、长得没那么好看，比如成绩不好，都不能被同伴接纳、尊重，拥有这些特点的孩子，往往会被歧视、排挤、欺负。似乎没有人觉得这样有任何不妥，甚至有老师也对这样的学生有反感，更有甚者，会号召同学不要跟某个同学交朋友，以免被带坏。

家庭暴力分冷暴力和热暴力，校园欺凌也是如此。突然厌学的孩子，较大比例与校园欺凌有关。

有一个 11 岁的男孩，上小学六年级。家长跟我说他沉迷手机游戏，在写作业时手机不离身，以前晚上 10 点把手机交还家长，现在要玩到深夜 12 点。后来孩子完全不愿去上学，脾气变得暴躁，不满足其要求就大吼大叫。孩子在家只玩手机游戏，不看书，不出门，不与人沟通。后来孩子渐渐连刷牙、洗澡都要父母督促，整个人懒散异常，除了手机，对什么都提不起兴趣。

男孩给我反馈的是完全不同的信息：父母觉得他沉迷游戏，不愿意上学，天天在家，说都是游戏害了他。其实他是因为在学校被同学欺负，被老师批评，作业也很多，经常要做到很晚，所以无法正常上学。但是在学校的状况他没有跟老师和父母说过，因为老师管不了，父母知道了也只会骂他，不会帮他。

他举了个例子，有一次自己新买的手表被同学弄坏了，对方也没有真诚地道歉，就是反复辩解说不是故意的，自己很生气，但又不知道该怎么处理。考虑了很久终于鼓起勇气告诉了父母，想让他们帮助自己，或者教自己如何处理比较好。结果父母刚听到新买的手表就弄坏了，自己后面的话还没说完，就劈头盖脸地骂自己："败家子！以为爸妈的钱是天上掉下来的吗？一点都不懂事！也不把心思放在学习上……"他被骂蒙了，这跟自己预想中的完全不一样，自己并没有错啊，为什么要骂自己呢？原本心爱的手表被弄坏了自己也很难受，莫名其妙地被骂一顿更是委屈。备受打击之后，在学校但凡有"坏事"，他都不敢轻易告诉家长，担心被骂。

现在他对于上学仍然很害怕，不知道怎么办，但又不得不去。

有一次做家庭治疗，孩子的爸爸以工作太忙为由没有出席，妈妈一坐下来便开始控诉孩子："从六年级开始就总玩手机，经常一边看手机一边做作业，越来越无心学习，这样下去不行，才上六年级就这样，以后怎么办？不管成绩好不好，都一定要努力才行，不努力，自暴自弃，谁都帮不了你！"孩子一直一言不发，焦虑的妈妈没有停下来的意思，我问孩子："能说一下你的想法吗？"他低着头，小声说："学习没有动力。"顿了顿，他稍微抬起眼瞟了一眼妈妈，发现妈妈不知是看在医生的面子上还是真的想知道他内心的想法，总之没有立刻变脸，便稍微安下心一点，咽了咽口水，接着说："我就只有一年级时成绩还好，后来越来越跟不上，努力也没用，还是学不好。"妈妈想鼓励一下孩子，便赶紧说道："没有啊，你认真的时候学习有进步。"孩子无奈地摇摇头："那有什么用，同学还是看不起我，笑我笨。"接着，他声音低沉，满怀决心却又无比沮丧地说："只有考到 100 分，同学才不会嘲笑我。"说着眼泪已经顺着脸颊流下来。一旁的妈妈惊讶地睁大了眼睛，她从未想过，平时不言不语的孩子，背后竟然有这样的委屈和悲伤。

很少有孩子在遭遇校园欺凌后会直接告诉父母，大多是默默忍受，或者自己想办法解决，当然，大部分时候，处理的效果并不好。

另一个孩子 7 岁，来找我的时候刚上一年级不久。她对于上学一直抗拒，总是需要家人反复督促。一年级下学期快期末的时候，孩子因为感冒发烧，在家休息了几天之后，便怎么都不愿意再去上学，一会儿莫名其妙地哭，过一会儿又玩得很开心，她寸步不离地跟着妈妈，生怕妈妈离开自己。妈妈对于孩子的情况很自责，说自己脾气很暴躁，曾经有产后抑郁，面对孩子总是忍不住发脾气，很凶地骂孩子，骂完自己发泄完了，心里就舒服很多，但是没想到会对孩子造成影响。

　　孩子在鼓励下跟我一起进入沙盘室。她很喜欢沙盘，自顾自地玩起来，很快便放开了。她将沙具架上所有的动物都拿下来，放在沙子上，不断地埋了，掏出来，再埋，反反复复，很认真地做着这件事，一言不发，看不出特别的表情。埋了一阵，她发现架子上有个笼子，立即兴奋起来，将全部动物都放进笼子里，关起来，放在沙子上，过了一会儿，又拿起笼子，放在手里，使劲晃着它们，并努力想再塞几个进去。我于是尝试问她："为什么要把它们关起来呢？是喜欢它们还是讨厌它们呢？"她不抬头，小声回答："讨厌它们。"我接着问："为什么呢？"她想了想，说："因为它们是大坏蛋。"说完，又继续关它们。我试探地问："你喜欢去上学吗？"她摇摇头，带着委屈的语气说："在学校有人打我。"说完，再次埋那些动物，不答话了。

　　再次过来的时候，她仍然没有去学校，不过可以去上钢琴课了。情绪仍然很烦躁，她忙碌地从沙具架上拿各种沙具，不断地往沙盘里添加，在我看起来，几乎没有任何规律，她只是把眼前看得见的都放进沙盘里，摆放也很混乱，没有明确的含义。摆到后面，她不耐烦起来，将全部的沙具都埋起来，仍然不主动说话。我尝试问她："在学校是什么人打你呢？"她低着头不看我，答道："是几个男孩子，会故意伸脚踢我。"接着，给我看她腿上留下的瘀青。我并不能确认那几个男孩子只是想跟她玩不小心弄伤她，还是故意踢她的，但这样一个长得很可爱的女孩子，在学校应该是受同学欢迎的。我便尝试鼓励她："你还手了吗？"她小声说："没有，我不敢。"说完，又低着头，不再说话。我帮她表达出内心的恐惧："怕还手他们打得更厉害吗？"我继续帮她想办法："那告诉老师呢？"她无奈地摇摇头："老师批评了他们，过几天他们还是打我。"我也有些无奈："那让你妈妈帮你。"她头低得更低了："不能告诉妈妈，她会骂我的。"

做完这次治疗，她便自己回去上学了，期末考试成绩不错，开心地跟我分享。

一个男孩子因为在学校比较内向，很少说话，成绩不好而被同学欺负。同学故意把他的东西藏起来，把他的书本丢到地上，在他捡的时候再踢他一脚，有时也会动手打他，或把他的东西在教室里抛来抛去，全班同学看着他哄堂大笑。

更让我惊讶的是他的老师的态度，老师认为不能让孩子觉得被欺负就有道理，要让他反思自己的问题。比如，同学们是因为他有时候碎碎念，影响到其他同学听课，才对他有意见；因为他太内向、沉默，没有跟同学搞好关系，同学才不待见他；他还不爱干净，同学当然不喜欢他。当然，让老师最气愤的是，每次他被同学欺负之后，就只会哭，老师怎么问他都一句话不说，让他写他也不写，根本无法沟通。老师言下之意是，被欺负更应该反思的是自己，不要总想着让班上的同学来照顾、迁就自己。这一番看似有理有据的言论，却让我不寒而栗。

当然，持有这种观点的老师肯定是少数，面对校园欺凌，老师更多的是无奈：前一分钟刚惩罚了欺凌者，转头一会儿工夫，被欺负的孩子就受到变本加厉的报复，防不胜防。被欺凌的孩子在这个过程中不断积累愤怒、无助，欺凌者在此过程中获得凌驾于他人之上的优越感，没有一种是有利于孩子成长的。

学校中缺少这样的专门的教育课程，家庭中也缺乏这样的引导和示范，事情发生后，要么是大人代替孩子解决，要么将问题全部推给孩子，全都无济于事。

有的孩子会因为各种各样的原因在学校被孤立，由此造成的心理压力并不比表面上的欺凌来得弱。

有一个 14 岁的女孩，从小成长的家庭里没有规则，只要孩子说的就是对的，造就了她唯我独尊、完全不会换位思考的性格。因此，从小学一年级开始，她便在学校被人排挤，所有同学都莫名其妙地不搭理她。她不知道为什么，告诉了父母，父母以为只是孩子玩闹，没有重视，对她说："你管好自己的学习，成绩好了，别人自然会跟你玩。"她心里很失望，父母根本不理解自己，便没有再提过这件事。为了不继续被排挤，她选择完全迎合他人的方式。别人说她不笑没有表情的时候看起来像生气，她便不时微笑，好让自己显得有亲和力。不仅如此，她还主动跟排挤她的人示好，努力跟对方套近乎，小学后面几年，两人居然成了朋友。

这种讨好对方的方式，一直持续到初中，渐渐成为她与人相处的习惯。她一边在家里享受体贴入微的迁就和照顾，一边在学校里小心翼翼地讨好他人，就像生活在冰火两重天里，纠结摇摆。学习一直是她最主要的支撑。然而，到了初中，学习难度变大，成绩一落千丈，熬到初二，她再也坚持不下去，坚决要休学。

遭遇校园欺凌的孩子，一方面是不敢反抗，没有应对人际冲突的技巧和方法；另一方面是孤立无援，没人可以求助，自己的应对方式往往极端而狭隘，由此造成心理负担巨大。

家长对于校园欺凌的普遍应对方式体现在以下言语表达中："你自己想想为什么别人只欺负你，不欺负别人呢？""你做好自己，不要惹别人就行了。""你去告诉老师，让老师批评他们。"家长不出面，不承担责任，也不与孩子共同讨论解决方法。还有另一种极端情形，父母直接冲到学校，教训其他同学，警告对方："你敢再欺负我的孩子，看我怎么收拾你。"这个看似行之有效的方式，其实会让孩子觉得自己只能靠家长，对自己的能力没有信心。同学会进一步嘲笑他："你是家里的小宝贝，我们不敢得罪你。"由此可能造成孩子被孤立。

　　有些学校教育中缺乏对人尊重的教育，更强调竞争，强调成绩；很多家庭教育中对于被欺凌讳莫如深，隐隐觉得被欺负是"懦弱""无能"的表现，往往一骂了事。然而，就如家庭暴力在任何情境下都是错误的一样，无论被欺凌的孩子是什么样子，欺凌行为本身就是错误的，是需要被严厉批评的。

　　若是等到孩子因为被欺凌而害怕上学的时候才意识到问题的严重性，可能悔之晚矣。

厌学，是全家人的逃避吗？

父母自己没有完成的成长课程，可能会使子女裹足不前，也可能需要孩子花更大的力气来抛弃父母原有的行为方式，重建自己的行为方式。这个过程艰险重重，稍有不慎就可能滑回原来的轨道，也可能随时因为遇到困难而放弃。

　　孩子一旦厌学，父母最常见的归因是什么？"逃避，他就是逃避！""遇到困难就逃避，他一直都是这样！""我就说他是逃避，但是逃避解决不了问题，他自己要明白这个道理。"即使接触过许多厌学的孩子，我也不得不承认"知子莫若父（母）"，父母确实会在某些方面更了解孩子。

　　不过，沿着这条线走下去，我很快发现另一个很有意思的现象，厌学，可不只是孩子一个人的逃避。换句话说，逃避不是天生的，而是某种经由学习、模仿而来的习惯性处理方式。

　　我见过一个很有意思的家庭，孩子在休学的近一年时间里，去各地做过心理治疗数十次，收效甚微，但父母秉持"不抛弃，不放弃"的态度，继续带着孩子各处求医，最终来到了我的治疗室。初次做家庭治疗，爸爸便拿着笔记本，上面密密麻麻地记录着孩子目前的主要问题。这个 12 岁，原本应该上初一的孩子，看起来问题不少，爸爸一条条往下念，气息平稳，逻辑清楚，当然读的时候语气是略带沉重的。孩子跟爸爸一起坐在长沙发上，似听非听，不反驳，也不认同，也不生气，显然他已经很习惯父母对他的这些评价了。妈妈自己一个人坐在旁边，眉头紧锁，大气都不敢出的样子。

　　这个家庭之前的模式是爸爸长期在外地工作，孩子与爷爷、奶奶和妈妈一起生活。父母谈到孩子的小升初考试，发生在大约一年前，这也是孩子情况变化的主要导火线。小升初考试前，焦虑的妈妈为了孩子能够考上一所重点初中，带着他全天无休地补习，到省城参加考试，最终孩子不负所望，接到了几所省重点初中的录取通知书。接着，妈妈又担心孩子上初中之后会跟不上学习进度，便给孩子报了奥数班，孩子也偶尔抱怨有点累，压力有点大，但仍然乖乖去上了。妈妈说道："他从来没有上过奥数，班上其他同学是一直上奥数的，虽然他是很聪明，但渐渐跟不上，很多题也不会做。"孩子突然满眼愤怒，恶狠狠地看了妈妈一眼，突然开门要出去。他直接走到隔壁治疗室关门待在里面，一言不发。父母过去叫的时候他情绪激动，在里面大喊："滚，你们都给我滚！"是的，是直接说"滚"，没有其他解释说明。

过一会儿他自己回到治疗室，气鼓鼓地坐在位置上，一言不发。接着他命令母亲给他手机，说他要玩手机，不想说话。母亲不同意，没有给，他便站起来，强行抢母亲手中的手机，被父亲制止后他再次走出治疗室。父亲追出去后，他对父亲大声喊叫："滚！不要管我！"这一次他直接跑出了大门，助理好不容易将其追了回来。再次回到治疗室后他情绪激动，不停地捶治疗室墙壁，拔空调插头，踢桌子，还试图往楼下扔东西，父母尝试制止，完全无效。整个过程没有任何征兆，也说不出任何原因，一家人在治疗室里乱成一锅粥，妈妈一直在哭，爸爸在叹气，我有些担心治疗可能需要暂停。

我尝试鼓励孩子，有什么原因说出来，不然我们都不知道是怎么回事。没想到，他立刻开始激动地哭，说："哪壶不开提哪壶，我说过不准提，不准提我补习的事情。"接着，愤怒而凶狠地命令母亲："以后都不能再说这件事，知不知道？！"而后，他做了一个让我惊讶不已的动作，他像一个打架的小混混对待自己的手下败将一般，用手抬起母亲的下巴，看着母亲的脸，一字一顿地说："听——到——没——有！不准——再说！"母亲哭得更伤心了，她站起来想抱着儿子，并依从地说："好，好，以后都不说。"孩子才不再怒吼。我问妈妈："你真的做得到吗？"妈妈躲开我的视线，没有回答。

孩子提出要提前结束治疗，父母再次犹豫，我表示说时间没到，因为时间是事先约定好的，需要遵守约定。孩子只好坐下来，接着说："反正我不会再说话，你们谈吧，到时间我就走。"

我试图询问父母是什么原因导致孩子会突然有如此大的反应，父母突然面露难色，欲言又止，小声说："不知道能不能当着孩子的面谈这些。"果然，父母这句话刚说完，孩子就再次自己走到外面的治疗室，摆弄各种东西，并且弄出很大的声音，自己不停地大喊。我知道劝他回来没用，便一直将家庭治疗室的门开着，并且在他再次回来的时候表示欢迎。或许是这个举动起了效果，又或者是顾及我的情面，接下来的谈话过程他没有再发脾气。我这才知道，在这差不多一年的时间中，全家人都不敢在孩子面前提起小升初的事情，就是怕刺激他，偶尔不小心提到，孩子就在家里大吵大闹，家里人都小心翼翼地回避着这件事。这件事成了全家人默契的集体回避。还有一件事是"上学"二字，在家里不能说、不能提、不能问。在这一年多的时间里，包括爷爷奶奶、外公外婆在内的所有人，都假装这个孩子是应该待在家里的，是合情合理的，即使每个人都心知肚明，他才 12 岁，他必须上学。

我惊讶于这一家人的忍耐力，更难以置信他们的逃避能力，竟然能当作事情不存在一年多。

这对夫妻的相处方式也很特别，结婚十多年的时间里，他们前半段是跟岳父岳母一起生活，后半段是跟公公婆婆一起生活。他们的说法是："出来自己住要处理的事情太多，太麻烦了。"目前，他们跟孩子的爷爷奶奶一起住，妻子与公公婆婆之间总有意见不合。遗憾的是，丈夫从来不会站在妻子这一边说话。爸爸的理由很充分："我们全家人住在老人家，什么家务都不做，饭来张口、衣来伸手，有什么事情也都是老人帮忙处理，接送孩子上补习班等都一手搞定，怎么好提意见？"而且，丈夫长期都在外地，大部分时间都不用面对家里让自己左右为难的关系，而这是"名正言顺"的逃避。所以，两地奔波多年，丈夫从未尝试争取将工作迁回到妻儿所在的城市。

爷爷奶奶对儿媳的意见同样不少，觉得儿媳没教好孙子，也不帮忙做家务。不过他们从不跟儿媳明说，爸爸就成为传声筒，负责传递老人的意见。

孩子就忍不住了，说："你们有意见怎么不当面说呢？你不说出来别人怎么知道呢？"妈妈便说："你还小不明白，这些话不好直接说，一说就会吵架的。"孩子马上便说："下次你去跟爷爷奶奶说，他们如果跟你吵，你就叫我来主持公道。"爸爸就说："你这么小，主持什么公道？"孩子说："那你不说，只有我来说，总得有人站出来说话吧？"

一个多小时的时间里，我仿佛看见这个家庭，包括他们上一辈的家庭，有一个代代相传的"宝贝"——逃避，他们传承着这个"宝贝"，依靠这个"宝贝"来解决所有可能具有威胁的家庭问题，表面相安无事地过着每一天的生活，假装什么问题都没有，幸福而快乐。

孩子的逃避心态究竟是从何而来呢？在我们指责孩子"你就是逃避，你遇到事情就只会逃避"的时候，很少去思考这个问题。

我还见过一个初三年级的厌学女孩。她倒是非常坦诚，第一次见我就明确地说："我知道自己现在是在逃避，我们全家人遇到问题都是逃避，我自己也是这样。"

她告诉我，上初二时她出现较明显的情绪问题，经常一睡觉就睡很多天。她解释："这就是我的逃避方式。"她勉强上到初三，就再也坚持不下去，初三上了几周的课就直接休学在家。她跟家人的关系很紧张，特别是爸爸。谈到爸爸的时候，她仿佛在谈论一个仇人，她用"强势、懦弱、粗暴，只会用拳头解决问题"等描述来形容自己的爸爸。在她小时候，爸爸经常打她，也打过妈妈，她会尽力保护弟弟，虽然自己心里也很害怕。妈妈会尝试保护她和弟弟，但大部分时间是徒劳的。

因为跟家人相处不好，休学在家的时间里，她会"合理"安排自己的睡眠时间，只要父母在，她都处于睡眠状态，只有爸妈去上班了，听到关门的声音，她会条件反射地自然醒来。她给自己做很大一碗饭配上菜，吃得饱饱的——这是她这一天中唯一的一顿饭。她享受着父母都不在家里的自由时光，没有人管她，没有人催促她去上学，没有人跟她争吵。她做着所有她喜欢做的事情，在她自己的世界里自娱自乐，不用像同学们那样为中考拼搏，而是悠闲地虚度光阴，安心地享受着无人打扰的安宁。初三下学期，她基本都是这样过来的，父母打也打了，骂也骂了，也苦口婆心地劝告了，全都无济于事。

这是属于她的逃避。"家里其他人都是怎么逃避的呢？"我曾问她。

爸爸的事业发展一直不顺利，他就把怨气转移到家里，要维护自己在家里的绝对权威，不容许任何人忤逆他。她心里不服气，有时候反驳他，就会招来一顿打骂。妈妈原本很崇拜爸爸，没想到这个人却向她动手，但她也没有反抗。妈妈经常说的一句话就是："既然都已经这样了，那也只能接受。""可能这就是命，我只能认命。"爸爸打女孩的时候，妈妈会拦着，但也只能跟爸爸说好话，爸爸大部分时候是不听的，妈妈没办法真正地保护她，只能事后安慰她，让她尽量不要惹爸爸生气，她不服气："凭什么，他做得不对我就是要说。"她跟爸爸冲突最大的倒不是爸爸打她的时候，而是爸爸打弟弟的时候，她会不顾一切地护着弟弟。她说："我不想弟弟再遭受我这样的创伤。"我勉强笑着回应她："你在家里有时候倒挺像个斗士的。"她不置可否。

她有她自己无法面对的困难：她在学校交不到朋友，她害怕回学校。

休学期间，表面自得其乐的她，内心是无比焦虑的，她每天都要洗头，有时一天洗两次。她最喜欢洗澡，她觉得水从头上浇下来的时候特别畅快，她可以一洗洗一个小时，那是她最放松的时间。后期焦虑严重的时候，她无法控制地用手去抓头皮，头发掉得厉害。

家人希望她随便找个职高读就好，但她不甘心，要知道，小学时她成绩是非常优异的，是当地唯一一个考进重点初中的孩子，最后竟然上职高，她如何能接受？但她想到上学就无比慌乱，担心自己无法适应。她用"慌乱"来形容要上学的心情，她不知道该怎么办。她说："我希望自己可以勇敢一点，遇到困难不要那么害怕，能够勇敢面对。"我跟她说："不是的，我们很多人遇到困难都会害怕，只是有人会因为害怕而逃避。"

复学之后，她很长一段时间没来见我，倒数第二次见我是在中考前。她说："我害怕考不好，怕连最烂的高中都考不上。"顿了顿，她深吸一口气，仿佛鼓起很大的勇气一般："我最害怕自己临阵脱逃，连中考都不敢去参加。"我回她："你能说出自己的恐惧，就是面对的第一步。""想到要中考我就很慌。""是的，以你之前的经历，这个过程对于你真的很不容易，我欣赏你从没有真正放弃。"她笑笑，没有说话。

最后一次见她，她特地来告诉我她考完了中考，但是没有考上理想的高中，只考上当地最普通的高中。停了一下，她笑笑说："不过想着要上高中了，还是有点小兴奋的，毕竟还有翻身的机会。"我赞赏地看着她："你能坚持考完中考，已经很不容易了。"

我想，她是不想要这个父母给她的"逃避宝贝"，她很努力地在寻找新的方式和出路，而这个过程，比想象中的要艰难百倍。

父母自己没有完成的成长课程，可能会使子女裹足不前，也可能需要孩子花更大的力气来抛弃父母原有的行为方式，重建自己的行为方式。这个过程艰险重重，稍有不慎就可能滑回原来的轨道，也可能随时因为遇到困难而放弃。

你呢？还愿意让这个"逃避"的"宝贝"代代相传吗？

厌学，是因为不努力吗？

实事求是地讲，这些孩子从外在的行动表现上看起来，完全没有努力的痕迹，与他们父母着急想办法的状态形成了鲜明的对比，焦虑的父母面对这样的孩子，难免会抓狂。孩子们的努力都体现在什么地方呢？在心里努力有意义吗？我将孩子们这样的心理过程理解为：大部分的能量都消耗在自己跟自己的斗争上，因此行动力差，这样的努力，其实是"越努力，越徒劳"。

如果给厌学的孩子画像，会是怎样的呢？无精打采，手机不离手，日夜颠倒，哈欠连天……怎一个"颓废"了得，看得人想上去扇两巴掌，把他们打得振作起来。

这样的孩子会跟努力沾边吗？他们如果努力，会放纵自己变成这样自暴自弃、无可救药的样子吗？

"废物""没希望""无可救药"，是厌学孩子听到最多的评价，谁会相信他们也在努力，相信他们并不愿意如此自我放弃呢？

其实，大多数厌学的孩子，都曾经非常努力地投入学习，现在也努力地挣扎在自我斗争的边缘上。

我见过一个刚上小学一年级的 7 岁小男孩。每到上学的时候他就会大哭大闹，有几次甚至剧烈呕吐，表情痛苦异常。然而只要待在家里，他就仿佛放飞的小鸟一般，吃东西、玩游戏、看电视，甚至玩一张纸都能玩一天，只要不提学习，他都是笑容满面的。

父母很疑惑："他这样有想上学的样子吗？他就是想在家里玩，哪里有半点在努力。"

带着这样的疑惑，我见到了这个孩子。

这是一个非常白净秀气的男孩子，刚进咨询室的时候有些拘谨，低着头不说话，不过他很快开始创作沙盘。跟很多 7 岁左右的孩子不同，他的沙盘创作显然是经过深思熟虑的，有结构有主题，他像一个小大人一般看起来胸有成竹。一开始他在沙盘中间堆起一个小岛，在岛上摆上精挑细选的建筑物。岛的四周环绕着一条河，他细细地用手挖出河来，但一直不满意河的形状，一会儿觉得窄了，一会儿又觉得形状不好，要重新调整，反反复复，用小手细细地挖。好不容易河修得满意了，他又对岛上的建筑物不满意，不断调换位置，不断换建筑物的样式，怎么摆都不满意。之后他又不断添加沙具，拿了各种各样的飞机摆在四周，拿了航空母舰摆在河里。突然，他把精心摆了大半个小时的岛拆了，把所有的沙具放了回去。他望着我说："我要重新摆，这些都不要了。"

接着，他竭尽全力要将全部的沙子弄到一边，将另一边空出来，沙子很多，他力气不太够，只能一层一层地把沙子往另外一边拨，刚拨上去一层，就有一些滑下来，他再拨上去，又滑下来一些，如此反复，不厌其烦。后来他找到一把刷子，便更加精神起来，他一点点把沙子往一边推，又细细地扫，刷子带下来一些沙子，他又把它们扫干净。最后，他发现扫不管用，便用手慢慢赶，直到把所有看得见的沙子都赶到另一边。没有沙子的那边露出天蓝色的沙框底座，对比鲜明。他指着沙框告诉我："那边是陆地，这边是海。"紧接着他在陆地上整整齐齐地摆上各种飞机，按照颜色、款式整齐摆放，同样的摆在一排，摆了三四排。全部摆完之后，他调整每架直升机螺旋桨的方向，保证它们都朝一个方向，一丝不苟。海里也是一样，航空母舰、潜艇、军舰都一一摆好。摆完之后他还从各个角度蹲下来看，瞄一瞄，保证是在同一直线上。整整一个多小时，他一直站着，不停地调换，最后终于告诉我："我摆好了。"但是他仍然没有坐下来，还是不停地瞄，细细地把"海里"的沙子再吹一吹，清理干净。

我询问他学校的情况，孩子满脸开心："喜欢上学啊。"我吃了一惊，这同家长跟我说的情况完全相反啊，这种情况倒还是第一次遇见，一般都认为小孩子是不会撒谎的，而且他满脸认真地回答，令人信服。于是我继续求证："那在学校开心吗？""很开心啊。"我锲而不舍："那作业是不是很多呢？我听其他小朋友说一年级作业好多呢，也好难。"他一脸轻松："没有啊，我很快就做完了。"我表示赞叹："这么厉害啊。"我不死心，继续打听："那老师凶不凶呢？同学热情吗？好相处吗？"他统统给予了正面回答："老师不凶，我们班主任也不凶。同学很好，我跟他们全都是好朋友。"我边听边点头，就差疑惑地问："那你来我这里是不是你爸爸妈妈搞错了？找错地方了？"然而他确实在认真地回答着我的问题，完全看不出言不由衷的神情。

后来，我明白了，他是希望给我留下一个好的印象，表明自己什么都能做好，什么都很厉害。这是一个典型的完美主义的小孩，做事一丝不苟，认真仔细，甚至到了有些强迫症的程度。

他希望父母看一下他的沙盘，因为这是他精心创作的，他期待着父母能够给予肯定，甚至表扬一下他。爸爸看了他的沙盘之后不停地摇头："这个摆得太整齐了，他做事都是这样的，这样太累了。"我补充了一点："这还不是最初的版本，我很少看到一个一年级的孩子能够这么有耐心，站了一个多小时，完全没有喊累，总是不满意，不断调整。"爸爸这才谈起自己的教育方式，他是一个非常焦虑的爸爸，非常在意细节，平时只要发现孩子有一点事情没做好，都会忍不住严厉地批评。孩子的作业都是他辅导，每到写作业的时间，家里就会变得乌烟瘴气、鸡飞狗跳的。孩子很长一段时间，只要到做作业的时间就紧张，拖延，不停上厕所。孩子竭尽全力做到最好，但爸爸似乎始终不太满意，认为孩子不够认真，不够努力，跟自己的勤奋上进完全没法比。

很多孩子是不愿意在父母面前表现自己的努力的，他们默默努力，期待某一天能被看见。

父母一般最害怕孩子什么时候厌学？那就是决定人生命运的时刻——高三。

这个女孩正读高三，学习状态不佳，记忆力下降明显，上课很难集中注意力，状态最差的时候，基本一整天都在睡觉。她上课时睡觉，回到家继续睡觉，尽管每天睡这么多，还是很困倦。父母问什么她都很少说话，一问到不开心的地方，丢下一句"你们不要逼我！"就立马翻脸回房间，关上门继续睡觉。

父母都小心翼翼地跟她说话，只挑她喜欢的、听了开心的话题聊天。但父母心里十分着急："都高三了，没有目标怎么行？要不要休学呢？你未来有什么打算呢？将来是想做个稳定的工作还是创业呢？总要有个方向啊，每天这么睡觉，别人都在努力学习，你一点都不急怎么行呢？"

心中的焦虑无法表达，父母快要憋出"病"来了。每次见到我，父母的问题就像开闸的洪水奔涌而来："你说，我们现在让她做一些计划和打算有错吗？时间不等人啊。"我无法做这样的对错判断，也无法回答这个问题。

孩子却是另一番样子，父母没办法自己去问，便通过各种方式，想让我去问孩子的意见。在一次治疗中，我尝试着问了问孩子："你爸妈想了解一下你有没有休学的打算。"让我惊讶的是，此言一出，眼泪就立马顺着她的脸颊流了下来，她一直哭，无法说话。我满心困惑，在我看来，这个问题似乎并没有任何攻击和责备的意味，只是单纯想了解一下她的想法，如此的悲伤从何而来呢？稍微平静一些之后，她抽泣着说："我也不知道自己的想法究竟是什么，我也不知道我要不要休学，现在让我做任何决定，我都觉得非常焦虑。我只知道我学习的时候，还能觉得自己有一点价值，不会那么一无是处。"听完她的表达，我愣了一会儿，原来这个父母担心会自暴自弃、破罐子破摔的孩子，将学习看得如此之重，在学习的时候才能感受到自己的一点价值，不会那么厌恶自己。这个表面看起来无比颓废的孩子，内心有激烈的争斗，进退不得。她需要有一点空间，让她能够安静思考，积聚能量。

有些孩子甚至会每天告诉自己："不能再这样下去，这样下去自己就废了。"只是内心缺少力量的他们行动不起来，只能任由焦虑和挫败感裹挟着自己，束手无策。

实事求是地讲，这些孩子从外的行动表现上看起来，完全没有努力的痕迹，与他们父母着急想办法的状态形成了鲜明的对比，焦虑的父母面对这样的孩子，难免会抓狂。孩子们的努力都体现在什么地方呢？在心里努力有意义吗？我将孩子们这样的心理过程理解为：大部分的能量都消耗在自己跟自己的斗争上，因此行动力差，这样的努力，其实是"越努力，越徒劳"。

我见过一个 13 岁，来找我的时候已经在家里待了大半年的孩子。起初他过着日夜颠倒、与游戏为伴的生活，后来渐渐觉得游戏也没什么意思了。他很少跟家人交流，也基本不独自外出。他有时候发呆，有时候睡觉，脸上没有特别悲伤的情绪，也基本不发火，除了偶尔提一点要求，基本不跟家人说话。他大部分时间都在睡觉，醒来玩喜欢的游戏，困了继续睡。他也从来不提上学的事情，不看书，不外出锻炼，不找朋友，连走路都是慢吞吞的，鞋子在地上拖着的，仿佛行尸走肉一般，每天过得浑浑噩噩。父母急得要命，打也打了，骂也骂了，无济于事，拿他没办法。

跟他互动，你会不自觉地被他的消极和颓废感染，仿佛一个小时的谈话进行下来，自己的能量也在不知不觉间莫名其妙地消耗殆尽了。他在不停地内耗，一个人待着什么都不干的时候，只要没睡着，他的脑子都在高速运转，不停地想："该怎么办？我上不了学，我害怕上学，我真是没用。"只是，他的这一面从不展示给任何人，他认同所有人对他的负面评价——"颓废、懒、不孝、废人"，他从不反驳，也不解释。换句话说，他其实是将自己封闭起来，自己跟自己打架，打一场只输不赢的架，越是不跟身边的人表达，这场架就越是持久，这就是俗话说的"把自己绕进了死胡同里"。他们在激烈的内耗之后，只剩下无助和无力。

这不是指性格的内向和外向，而是个体对外界的信任程度，只有对外界足够信任，才能够从外界获得能量，能够通过与外界的互动去厘清内心情绪和想法，而不是在无尽的内耗中做无谓的"努力"。

家长需要理解这种"无谓的努力"，不要轻易指责孩子"懒、颓废"，过多的指责，会进一步封锁孩子敞开心扉的动力，使其继续原地踏步，自我消耗。

厌学的孩子，是真的不想上学吗？

按照成长阶段，到了青春期，孩子就要逐渐为离家做准备，要走向更广阔的社会，家庭也需要把孩子"往外推"，让孩子在更广阔的天地里去锻炼、成长。只是，有些家庭并不具备这样的功能，家庭变成了"温柔乡""温吞水"，让孩子沉醉其中，无法自拔。这些孩子不是上不了学，而是上学要面对各种各样的压力和挑战，跟待在家里不用付出就能享受的各种权利比起来，学校简直就是"人间地狱"。

我见过很多上不了学的孩子，他们告诉我："我真的想上学，想正常一点。"

一个 13 岁、休学一年的孩子，睁着大眼睛，真诚地跟我说："我想去上学，我知道那样我才有机会实现我的理想，我在学校也很开心，但只要我中午一回家，我就迈不动步了，我也想知道为什么。"

有个孩子可以连续在学校待一周，但只要周末一回家，一休息，他想到上学就莫名心慌。每到周一，就是他找各种理由逃避上学的时候。他自己也很困惑，明明五天上学都没问题，为何一个周末就让一切都改变了呢？

是的，我发现大多数因为各种各样的原因上不了学的孩子，内心是希望自己跟其他孩子一样正常生活，而不是整天在家无所事事，只能无聊打发时间的。

他们是真的不想上学吗？

不是。99% 的孩子还是希望自己能够正常上学，走一条相对顺利的人生道路。他们想上学，但因为种种原因上不了，由此引发了各种叛逆表现。

有的孩子完全逃避：一整天窝在家里不敢出门，靠打游戏、玩手机打发时间，感受不到一点生活的乐趣。有的孩子昼伏夜出，只有天黑了才会到外面走走，买自己想买的东西。我认识一个休学的孩子，他买东西从来不会在附近买，明明楼下就有小卖部，他一定要绕几条街，去大商场买，因为楼下小店的店主认识他。他最讨厌家里来客人，因为所谓的亲戚长辈一定会问东问西，苦口婆心地劝他去上学。有的孩子原来每天早晚都要去遛自己心爱的狗狗，现在也不遛了，任凭心爱的宠物在家里憋得汪汪直叫。更有甚者完全日夜颠倒，明明醒着也不出房门，躺在床上侧耳细听，等到父母关门上班，才嗖地一下从床上爬起来，找东西填肚子。下午估计着爸妈快要下班回来，便收拾收拾回到自己的房间装睡，以此来避免跟家人互动，避免听到关于上学的谈论。

所有这些精心设计的逃避策略，都是因为他们害怕被人看见，害怕被人问："为什么不上学？"

作家韩寒在高中几乎门门功课都挂红灯，语文考试做到他认为够 60 分及格线时，他就不往下做了。他曾经认为："数学学到初二就可以了。"获得新概念作文一等奖后，韩寒在《新民晚报》发表了一篇名为《穿着棉袄洗澡》的文章，批判应试教育的荒谬。不久之后，韩寒即正式退学。这在当时引起了轩然大波，甚至引起大批老师和家长的恐慌，担心孩子们都学他。

讽刺的是，这个曾经的叛逆青年成为"大叔"后，在接受采访时首次袒露了他对退学事件的反思。他说："退学是一件很失败的事情，说明我在一项挑战里不能胜任，只能退出，这不值得学习。值得学习的永远是学习两个字本身。'学习'两字，不分地点环境，是一件终身要做的事情。我听到有人美滋滋、得意扬扬地说'韩寒，我学你退学了'。我不理解。我做得不好的地方有什么好学的呢？为什么不去学我做得好的地方呢？"

当然，大部分厌学或者上不了学的孩子并没有韩寒的才华和胆识，但这并不妨碍他们批判应试教育，坚信不走读书这条路，自己仍然可以取得成功。"每天学那么多公式，你真的确定在你现在的生活中会用到吗？"我常被他们问得哑口无言，被他们唾沫横飞的辩论攻击弄得败下阵来。

然而，有句话叫作"越反抗什么，代表越在意什么"。特别是在青春期这个叛逆的年龄，公开与教育制度背离，他们心中的恐慌和不安可想而知。

我后来发现，这些离不了家的孩子，家对他们而言是有致命的吸引力的，家几乎满足了他们所有的心理需要。例如，在家玩游戏打发时间获得快乐，游戏打赢了可以获得成就感；在家里不用遵守任何规则，完全是自己说了算；不用自己努力争取，不用付出任何劳动就能得到关心和无微不至的照顾；甚至还有跟父母斗智斗勇获得胜利后的极大快感……

所有的这一切，让付出努力才能完成的学业、辛苦而麻烦的人际交往和烦人的数目繁多的学校规则在对比之下都变得面目异常可憎。

我前文提到的那个 13 岁的初一学生，在小升初时为了能考进重点中学，整整一年，父母给他报满了补习班。他除了应付学校的学习，还要跟随妈妈奔波于各个补习班，下半学年便是来回于各个学校考试，考上了市重点不够，还要考省重点，最终拿到了好几所省重点学校的录取通知书，妈妈心中的一块大石头这才终于放了下来。接着，父母又担心儿子从一个地级市的学校到省重点初中会不适应、跟不上，于是又给儿子报了奥数提高班。与其他孩子从小开始上补习班、奥数班不同，因为成绩一直不错，六年级之前这个孩子并没有上过补习班，更不用提像奥数这种高难度的课程。奥数课上了一周，他完全跟不上进度，甚至根本听不懂老师讲的内容，从来在学习上都是佼佼者的孩子，完全接受不了这样的结果，导致自信心崩塌。他后来出现了抑郁症状，经常莫名哭泣，对任何事情都不感兴趣，整天闭门不出，最终，省重点中学也没能去，休学在家。

父母完全慌了手脚，特别是妈妈，极度自责，在孩子面前都变得小心翼翼起来，生怕刺激他，渐渐地变得对孩子言听计从。然而孩子还是不满意，依然不断挑妈妈的毛病："有什么就说，不要吞吞吐吐的。""整天苦着一张脸，好像总是对我不满意，到底要我怎么样！"不顺心的时候，他就在家里大发脾气、砸东西、骂人，甚至动手打人，谁劝都没用，一定要等发泄完他才能平息下来。父母苦不堪言，到处寻医问药，孩子却并不配合。父母找的心理咨询师，他只见一两次便不愿意继续去见。家人找的培训班、托管班，他统统不愿意去。他的情绪谈不上好，也谈不上坏，至少，对他自己而言，是在可以忍受的范围。

休学一年之后，他仍然没办法顺利回到学校。下文是他的原话："我想去上学，我知道那样我才有机会实现我的理想，我在学校也很开心，但只要我中午一回家，我就迈不动步了，我也想知道为什么。"他信誓旦旦，写下承诺书：如果再不上学，就去托管机构，如果托管机构也待不下去，自己就去打工。就如大家所料，约定的时间过后，他还是没办法回校上学。无奈，父母将他送到托管机构学习。第一天，他大哭大闹，吵着要跟父母回家，结果，父母一走，他立马变了一个人似的，成为托管机构里最乖的孩子，遵守规则，所有的任务都完成得最出色。跟进他的社工非常意外，对他赞赏有加。他在托管机构里待了一个月，情绪稳定，表现优秀。

国庆节期间，父母将他接回家。回家第一天，他就对父母大发脾气，父母左右不顺其意。社工去家访的时候还以为自己走错了家门，他和在托管机构里的时候完全是两个样子。这下子，他连托管机构也不愿意去了，继续赖在家里，父母仍然束手无策。

我时常听到父母感慨："我们家的孩子，就适合别人来管，一面对我们，就什么话都不听，完全是两个人。"不过他们的孩子可不这么想，家就像有种魔力，让这些孩子离不开。

离不了家，所以上不了学。

按照成长阶段，到了青春期，孩子就要逐渐为离家做准备，要走向更广阔的社会，家庭也需要把孩子"往外推"，让孩子在更广阔的天地里去锻炼、成长。只是，有些家庭并不具备这样的功能，家庭变成了"温柔乡""温吞水"，让孩子沉醉其中，无法自拔。这些孩子不是上不了学，而是上学要面对各种各样的压力和挑战，跟待在家里不用付出就能享受各种权利比起来，学校简直就是"人间地狱"。

　　家庭教育应当是为孩子的社会教育打下基础的，父母寄希望于学校或者让其他人搞定自己的孩子、教好自己的孩子，是完全不现实的。

故事 36

只对学习有要求，最易厌学

"只要你好好学习，其他的你什么都不用管"，潜台词便是其他的都不重要，都不值得一提。然而，在学校教育已经是"以成绩为重"的前提下，家庭再进一步强化这一观念，从经济学的角度讲，这就是"把所有鸡蛋都放在一个篮子里"，一旦这个篮子砸了，带来的打击便是毁灭性的。

2007 年，中国青少年研究中心发布了一份报告《中日韩三国首都小学生生活习惯研究》。调查对象是北京、东京和首尔的小学 4 年级至 6 年级的学生。调查发现，在基本生活习惯方面，三地父母最经常对孩子说的话都是"早点睡"。在家庭教育方面，三地的父母们均在"按时完成作业"方面对孩子提出了规定，其中北京 74.0%，排在第一位；东京 63.7%，排在第二位；首尔 47.6%，排在第三位。这从一定程度反映出三地父母对孩子学习习惯的重视程度。

"按时完成作业"排在北京小学生须遵守的家规的第一位，此外还有 61.4% 的北京父母对学习成绩作了规定。而在东京和首尔，父母们对孩子的学习成绩提出规定的排名相对靠后。

社会文化从小学起就影响了孩子的自我期待和角色意识。79.9% 的北京小学生想成为学习好的人，甚至在朋友选择上也表现出更喜欢学习好的同学。但是，东京和首尔小学生更倾向于选择有趣的朋友。

学习，在中国孩子生活中的地位，超越了任何事情。我不止听一个孩子说过："成绩好的同学就是什么都好。"这个金灿灿的光环，伴随着拥有它的孩子一路不费吹灰之力地过关斩将。与此同时，它也不断挫败着所谓差生的自尊心，让他们无地自容，举步维艰。

孩子最怕的是这个光环某一天突然消失。

这个孩子一进咨询室就一直在跟我控诉爸爸怎么不好，如何一直对她的学习成绩要求严格，她现在得了抑郁症，爸爸还是坚定地相信她没有问题，只是不够坚强，不愿意面对问题，天天跟她讲一堆大道理，要她回去上学。"我现在听到他的声音就烦。"在家里她完全不跟爸爸说话，一整天将自己关在房间里，手机不离手，谁要拿她的手机，她可以跟谁拼命。我听下来，以为爸爸是个脾气暴躁，不近人情，也不疼爱她的无情之人，谁知妈妈却告诉我，家里最宠孩子的就是爸爸，基本是有求必应，无原则地满足孩子。在家里，没有规则，只要孩子说的就是对的。

然而，在成绩方面，这个父亲又非常严苛。她考试考了 99 分，也是不敢回家的，因为爸爸会大骂："这么简单的题都拿不到满分！小学成绩就这么不好，上了初中怎么办！"要是成绩更差一点，大约就要挨打了。生活方面父母把她照顾得事无巨细，没有规则和原则，几乎有求必应。"你只要搞好学习，其他都不用管。"提了要求，父母不答应，孩子稍微撇一下嘴，父母便立马改变主意，无条件满足。

这种矛盾的教育方式，形成她一方面唯我独尊，另一方面又极度自卑的性格特征，从而在人际交往方面屡屡碰壁。

很多父母常会随口说："你现在不好好学习，将来就只能去扫大街，就只能去捡垃圾。"转头想想，又补充说："像你这样，连捡垃圾都没人要你。"家长誓要将孩子的未来描绘得极尽暗淡，把恐吓进行到底。因为职业是五花八门的，所以没有家长认为孩子会把这话当真，他们心里清楚孩子学习成绩不好，不会找不到工作，只是找不到好工作而已，而为了激励孩子，只能把后果说得严重一点。结果，到了孩子那里，无一例外都变成：我考不上好的大学我就没有出路了。因此，他们变得绝望，想要放弃和逃避。厌学便是最直接的逃避方式，无法在学业上取得成功，便索性放弃。

"只要你好好学习，其他的你什么都不用管"，潜台词便是其他的都不重要，都不值得一提。然而，在学校教育已经是"以成绩为重"的前提下，家庭再进一步强化这一观念，从经济学的角度讲，这就是"把所有鸡蛋都放在一个篮子里"，一旦这个篮子砸了，带来的打击便是毁灭性的。

孩子的成长不仅需要成绩，还需要与人沟通、协调资源的能力，以及抗挫折的能力。

一个家长对我说："在目前的现实下，要求家长完全不在意成绩，基本是不可能的。我们其实也希望孩子可以轻松一些，但现实不允许。"这个家长为了证明她的努力，举了个例子："有一次我开家长会，孩子成绩下降很大，被当成典型批评，我当时恨不得有个地缝钻进去。回来的路上，我一直告诉自己，千万不要发火，我真的很努力在压制自己的情绪。但是没用，一踏进小区门口，我的愤怒就压不住了，一进家门，我就劈头盖脸地骂了我女儿一顿。事后我也很后悔，但当时就是忍不住。"我对这个妈妈说："你一路上所做的只是压抑自己的情绪，你并不是真正能接受孩子考差这件事。你很愤怒，因为孩子让你丢了脸。"她没有回答。

我并非刻意忽略成绩和学习的重要性。我一直呼吁至少让孩子体会一下学习成绩以外，他们的价值。这并不是说要让孩子报很多课外辅导班、兴趣班，不断跟其他孩子比较谁的特长多。价值的体现和实现，是可以通过很小的事情来达到的。

有一个妈妈跟我分享过她的故事，让我很受触动。她谈到，她小时候学习成绩很一般，家里经济条件也很一般，每到农忙季节，稍大一点的孩子都要到田里帮忙干农活。在广阔的农田里，她终于找到了自己能力的施展之地：割稻谷。至今，她都记得爷爷带着慈祥的笑，夸奖她稻谷割得又快又好，顶得上一个大人，说家里人手不够，还好有她分担。她挺着胸脯听着，那一刻的骄傲和自豪，成为她日后做很多事情时鼓励自己的信心来源。现在的孩子个个都是"十指不沾阳春水"，家务、煮饭、洗衣都有专人伺候，孩子只要专心学习就好。这是很多家长在童年时向往的生活，他们希望自己可以专注学习，考更好的学校，说不定现在就能生活得更好，而这一理想，只能在孩子身上去实现。于是，当孩子成绩不好时，父母便理所当然地抱怨起来："你看你现在每天什么都不用干，只用学习，你看你这样还学不好。我以前要是有你这样的条件……"考试成绩并非跟投入的时间成正比，智力、学习方法、心态甚至运气，这些因素都非常重要。客观而言，一部分孩子，因为各方面原因的限制，并不善于学习。

"你只管学习，别的什么也不用你做。"这是一句非常可怕的话，紧接而来就可能是："你每天只学习都学不好，你怎么这么笨！"若孩子其他方面能力也有欠缺，由此带来的将是孩子自我价值感的全面崩塌。

并不是越重视学习，孩子就越不会厌学。恰恰相反，家长过度重视学习，只在乎学习，也是很多孩子厌学的原因之一。

是否，可以偶尔让孩子看看外面的世界，让他们拥有更多的价值支撑呢？